cel zdrowie
ula nec

Ula Nec
ulanec.pl

Równowaga życia i pracy

Zdrowie pracującej mamy

Warszawa 2023

Tytuł: Równowaga życia i pracy.
Zdrowie pracującej mamy.

Skład: Ula Nec
Konsultacja merytoryczna treści:
psycholog Paulina Gaworska-Gawryś
Redakcja i korekta: Agnieszka Anulewicz-Wypych

ISBN: 978-83-970073-1-4
Warszawa 2023

Równowaga życia i pracy

Spis treści

Dla kobiet
które chcą

odzyskać równowagę

zadbać o swoje zdrowie

znaleźć czas na zdrowe nawyki

Dziękuję

moim bliskim, którzy wytrzymali ze mną lata totalnego braku równowagi. Dzieciom, za ich szczerą miłość, mimo mojej nieobecności duchem. Mężowi za cierpliwość i wiarę, że potrafię zorganizować się inaczej...

Ty też tak masz?

Praca na etacie

Pracujesz na etacie, a masz wrażenie, że 8 godzin zawarte w umowie to czysta fikcja? Nie umiesz wyjść z biura o czasie? Czujesz odpowiedzialność za powierzone zadania do tego stopnia, że działasz mimo upływu czasu, za który płaci Ci pracodawca? A może zabierasz pracę do domu? Sprawdzasz maile na urlopie? Myślisz o pracy spędzając czas z dziećmi?

Własny biznes

Prowadzisz własny biznes i już zupełnie zatarłaś granicę między pracą a życiem prywatnym? Masz ciągłe poczucie, że należy zrobić coś więcej, lepiej i trudno Ci odejść od komputera?
Nawet jeśli skończysz pracę, to ciągle trzymasz rękę na pulsie? Jesteś pod telefonem, na którym odruchowo, co jakiś czas sprawdzasz wiadomości? Myśli uporczywie krążą Ci wokół firmowych zadań? Trudno Ci skupić się na tym, co mówią dzieci? Przed snem słyszysz w głowie ciągły szum?

Jeśli choć raz odpowiedziałaś TAK,
ta książka powstała dla Ciebie!

Umiejętność zachowania równowagi życie-praca (work-life balance) to w dzisiejszych czasach klucz do sukcesu. Zdrowy balans warunkuje zarówno wydajność w pracy, jak i nasze zdrowie, dobre samopoczucie, prawidłowe relacje z bliskimi - czyli krótko mówiąc: umożliwia satysfakcję z życia i pozwala się nim cieszyć.

Pokażę Ci jak

odzyskać równowagę między pracą zawodową a pozostałymi obszarami życia. Zobaczysz, jak dzięki zrozumieniu określonych mechanizmów oraz przeorganizowaniu fundamentów, zacząć na nowo dzielić swój czas i uwagę na różne dziedziny życia. Przekonasz się, że Ty również możesz dostosować swoje działania do wyznawanych przez Ciebie wartości i zadbać o to, co w życiu dla Ciebie naprawdę ważne - zdrowie i rodzinę.

Dzięki książce dowiesz się jak:

Poprawić swoje samopoczucie

- ✓ odzyskać energię
- ✓ ustabilizować nastrój
- ✓ wyciszyć natłok myśli
- ✓ unormować sen

- ⊖ bez hektolitrów kawy
- ⊖ bez podjadania słodyczy
- ⊖ bez wieczornych lampek wina
- ⊖ bez środków nasennych

Zadbać o zdrowie

- ✓ wspomóc regenerację
- ✓ obniżyć ryzyko chorób
- ✓ zdrowiej jeść
- ✓ więcej się ruszać

- ⊖ bez skomplikowanych procedur
- ⊖ bez tony suplementów
- ⊖ bez rezygnacji z ulubionych potraw
- ⊖ bez długich, intensywnych treningów

Pogłębić relację z bliskimi

- odzyskać siłę i czas, by móc angażować się w życie dzieci
- dbać o bezpieczne środowisko, w którym dziecko wie, że może liczyć na wysłuchanie, zrozumienie i pomoc rodzica, jeśli tylko o to poprosi
- przez swoją obecność i własny przykład budować prawidłowe poczucie wartości u dzieci i ich przyszłe postawy
- odzyskać możliwość zadbania o swój związek

- bez poczucia winy i wyrzutów sumienia

Jeśli zadbasz o siebie, o swoje zdrowie oraz o to, co w Twoim życiu jest naprawdę ważne - odzyskasz stan równowagi. Praca będzie tylko jedną ze składowych Twojego życia i przestanie dominować. Uwierzysz, że możesz pracować w zgodzie ze sobą i swoimi wartościami. Zyskasz siłę, aby dostosować pracę do życia, a nie tylko i wyłącznie życie do pracy.

Dzięki odzyskanej równowadze zobaczysz, że jednocześnie będziesz:

Osiągać wysokie wyniki w pracy

- poprawisz wydajność
- rozwiniesz kreatywność
- poprawisz koncentrację
- zwiększysz odporność na stres

- bez nadgodzin
- bez uczucia braku wiary w siebie
- bez zbędnego perfekcjonizmu
- bez leków uspokajających

Psychodietetyczka
Farmaceutka
Mama

Kim jestem?

Nazywam się Ula Nec – jestem **farmaceutką, specjalistką psychodietetyki**, fitoterapii, instruktorką pilates, blogerką i współautorką książki "Chcę WWWięcej". Prowadzę konsultacje psychodietetyczne online.

Wiedza zdobyta na **dwóch uczelniach medycznych**, długoletnie doświadczenie w branży medycznej, umiejętność holistycznego podejścia do zdrowia, lata pracy z pacjentami w aptece oraz liczne szkolenia, w tym z zarządzania czasem, pozwalają mi skutecznie **wspierać zabiegane kobiety w zmianie ich stylu życia na zdrowszy.**

Znam problem...

Kilka lat pracowałam w prężnie rozwijającej się firmie na stanowisku menedżerskim, jednocześnie będąc **żoną i mamą dwójki dzieci.** W pracy zawsze dawałam z siebie wszystko, czułam ogromną odpowiedzialność za powierzone mi zadania. Jadłam w biegu, zostawałam po godzinach lub kończyłam projekty w domu. Ciągle byłam pod mailem i telefonem. Po kilku latach takiego stylu życia czułam coraz większe zmęczenie i frustrację...
Sytuacja zaczęła odbijać się na moim zdrowiu, śnie i relacjach z rodziną.

Dziś jestem w zupełnie innym miejscu. Wprowadziłam ogromne zmiany w swoje życie i chcę Ci pokazać, że **Ty też możesz!**

No to w drogę:

1. **Poznaj wroga**
   W tym rozdziale dowiesz się, na jakie sygnały zwracać uwagę, określisz swój punkt startu oraz postawisz pierwszy krok w stronę równowagi.
2. **Zbuduj fundamenty**
   W rozdziale drugim zweryfikujesz przyczyny braku równowagi i zobaczysz, w jaki sposób zbudować solidne fundamenty pod trwałą zmianę.
3. **Zaprojektuj przyszłość**
   Rozdział trzeci to wizja rzeczywistości, w której chcesz się znaleźć. Zbudujesz ją w oparciu o swoje wartości, a nie szkodliwe przekonania ogółu.
4. **Idź po swoje**
   Rozdział petarda! Otrzymasz w nim komplet narzędzi, który pomoże Ci przywrócić równowagę w życiu. Stworzysz plan działania.
5. **Trzymaj rękę na pulsie**
   W ostatnim rozdziale dowiesz się, w jaki sposób pozostać na fali i trzymać się wyznaczonego kursu w codziennym życiu.
6. **Dodatek**
   Karty ćwiczeń w wersji uproszczonej szacie graficznej, abyś mogła zaplanować swoją drogę do równowagi

1.

Poznaj wroga

1.1 DOCEŃ WARTOŚĆ RÓWNOWAGI

Co to jest „work-life balance"

„Work-life balance" to równowaga życia i pracy, czyli stan, w którym życie zawodowe i prywatne tworzą spójną całość: praca, kariera, życie rodzinne, towarzyskie, rozrywka, hobby - żaden z obszarów nie dominuje kosztem innego.

Jest to stan, w którym:

- masz możliwość realizować swoje cele i pasje
- działasz w zgodzie ze sobą i swoimi wartościami
- masz poczucie zadowolenia psychicznego, fizycznego i społecznego
- czujesz się po prostu dobrze i komfortowo w swoim życiu

Dlaczego to ważne?

Dopóki w każdej z dziedzin Twojego życia kierujesz się zasadą zdrowego **umiaru**, póki panujesz nad wszystkimi obszarami i dbasz o zdrowy balans - czujesz spokój i szczęście. Masz wówczas szansę dbać o bliskich, o siebie i swoje zdrowie.

- żaden sukces zawodowy nie jest w stanie zrekompensować uczucia porażki i braku harmonii w życiu rodzinnym
- najbardziej produktywne są osoby prowadzące najbardziej zrównoważony tryb życia
- brak równowagi prędzej czy później odbija się na zdrowiu - fizycznym i psychicznym

1.2 ZWERYFIKUJ PUNKT STARTU

Po czym poznać, że tracisz równowagę

Przed Tobą pierwsze ćwiczenie.

Z racji tego, że często nie zauważamy u siebie oznak braku równowagi, albo udajemy przed samą sobą, że ich nie ma, podzieliłam ćwiczenie na dwie części:

- w kolumnie z lewej strony zaznacz te pozycje, które uważasz, że dotyczą Ciebie
- w kolumnie z prawej strony poproś o zaznaczenie zachowań obserwowanych u Ciebie przez osobę Ci najbliższą

Ty	bliski	
☐	☐	spędzasz na pracy coraz więcej czasu, ponad ilość ustaloną z pracodawcą lub samą sobą (jeśli jesteś swoim własnym szefem)
☐	☐	odpisujesz na maile, odbierasz służbowe telefony w czasie wolnym
☐	☐	masz trudność w odkładaniu zadań na następny dzień
☐	☐	czujesz potrzebę stałego osiągania jak najlepszych efektów
☐	☐	bierzesz na siebie coraz więcej zadań
☐	☐	nie bierzesz zwolnień lekarskich, nie pozwalasz sobie chorować
☐	☐	unikasz delegowania - uważasz, że Ty wykonasz zadania lepiej
☐	☐	trudno Ci odpuszczać, wszystkie zadania mają wysoki priorytet
☐	☐	wieczorem sięgasz po alkohol dla relaksu
☐	☐	nie masz chwili wolnej, a jeśli taka się znajdzie, szybko ją zapełniasz zadaniem wg Ciebie produktywnym

- [ ] [ ] masz obniżone libido
- [ ] [ ] nie masz czasu na aktywność fizyczną
- [ ] [ ] dużo mówisz, ale właściwie głównie o pracy
- [ ] [ ] każda porażka to ogromne wyrzuty sumienia
- [ ] [ ] jesz cokolwiek w biegu
- [ ] [ ] od ponad roku nie robiłaś podstawowych badań lekarskich
- [ ] [ ] jesteś rozkojarzona, myśli ciągle krążą Ci wokół zadań firmowych
- [ ] [ ] jesteś niecierpliwa, musisz zawsze robić coś produktywnego
- [ ] [ ] nie odczuwasz upływu czasu w trakcie pracy, nie robisz przerw
- [ ] [ ] nie masz hobby lub przestałaś je praktykować
- [ ] [ ] złościsz się, gdy bliscy zwracają Ci uwagę, że za dużo pracujesz
- [ ] [ ] ciągle tłumaczysz, że lubisz swoją pracę lub że to przejściowe
- [ ] [ ] jedynie wykonanie zadania na satysfakcjonującym Cię poziomie podnosi Twoje poczucie własnej wartości

- od pasjonata do **pracoholika** droga jest krótsza niż się wydaje
- pracowitość łatwo pomylić z pracoholizmem
- pracoholik czuje wewnętrzny przymus do wykonywania pracy i nigdy nie jest zadowolony z efektów
- osoba zdrowa pracuje z zaangażowaniem, ale umie stawiać granice i odpoczywać oraz cieszą ją efekty jej pracy

1.3 BĄDŹ ŚWIADOMA ZAGROŻEŃ

Czym skutkuje brak równowagi życie-praca?

Kiedy na pracę poświęcasz zbyt dużo czasu i swojej energii, jest prawie pewne, że prędzej czy później ucierpią na tym pozostałe zaniedbywane przez Ciebie obszary życia:

- ✓ relacje z bliskimi
- ✓ zdrowie psychiczne
- ✓ zdrowie fizyczne

Sygnały Twojego ciała

Przepracowany organizm zaczyna w pewnym momencie wysyłać sygnały. Od Ciebie zależy, czy zechcesz na nie zwrócić uwagę i zareagować.

Zaznacz te, które zauważasz u siebie:

☐ **Zmęczenie**

Brak energii to często pierwszy sygnał, który powinien Cię zastanowić. Gdy za dużo pracujesz, a za mało odpoczywasz, organizm nie ma szans na regenerację. Czuje się przeciążony.

W pracy Twoją energię podtrzymuje zazwyczaj kawa (być może również cola lub napoje energetyczne) - potrafisz się zmobilizować do działania. Po pracy Twoje baterie rozładowują się praktycznie do zera - ciężko Ci zaangażować się w sprawy rodziny, ugotować zdrowe posiłki, podjąć aktywność fizyczną. To powoduje, że często wpadasz w błędne koło:

nie masz siły ⇄ nie gotujesz zdrowych posiłków, nie ruszasz się

Nerwowość, obniżona odporność na stres

Gdy równowaga w Twoim życiu przechyla się na jedną stronę - czujesz, że tracisz kontrolę. Na Twoje decyzje wpływają coraz bardziej czynniki zewnętrzne, a mnogość zadań, odpowiedzialność za nie i presja czasu wywołują stres.

W takich sytuacjach ujawniają się najczęściej negatywne cechy Twojej osobowości - jesteś nerwowa, niecierpliwa, czepialska, wybuchowa. To (oprócz braku czasu) utrudnia Ci relacje z bliskimi.

Dodatkowo uczucie permanentnego napięcia popycha Cię do szukania sposobów łagodzących ten stan. Często wykorzystujesz rozwiązania pomagające jedynie na chwilę. W dłuższej perspektywie nakręcają one spiralę złego samopoczucia i destrukcyjnie wpływają na zdrowie.

- alkohol
- słodycze lub tłuste, słone przekąski
- jedzenie mimo braku uczucia głodu, zajadanie stresu

Natłok myśli

Nadmiar pracy przeciąża nie tylko Twoje ciało. Przeciąża również umysł.

Umysł przeciążony pracą nie potrafi się wyłączyć. W kółko analizuje wydarzenia dnia, podważa słuszność podjętych decyzji, szuka dziury w całym, tworzy projekcje wpadek - generuje lęki.

Przeciążony umysł nie skupia się na tym, co dzieje się aktualnie - nasze myśli są albo w przeszłości, albo w przyszłości. Rzadko tu i teraz.

W takim stanie nie potrafimy odpocząć i efektywnie zregenerować organizmu. Nie skupiamy się również na tym, co mówią do nas bliscy - to generuje konflikty, osłabia nasze relacje.

Bóle kręgosłupa, bóle głowy i inne choroby z braku ruchu

Nadmiar pracy często idzie w parze z małą aktywnością fizyczną, na którą brakuje czasu lub siły po pracy.

Długie godziny spędzone przy biurku powodują bóle kręgosłupa lub różnego rodzaju przykurcze. Dodatkowo stres kumulujący się w okolicach karku powoduje spięcie mięśni w tej okolicy - efektem często są napięciowe bóle głowy.

Niska aktywność fizyczna na co dzień upośledza wydolność organizmu. Najczęstsze skutki braku ruchu to choroby układu sercowo-naczyniowego, cukrzyca typu II, rak jelita grubego, a nawet rak piersi. Do tego dochodzą również zaburzenia psychiczne, takie jak depresja, lęki i inne problemy emocjonalne. Jeśli dodać do tego obniżoną odporność organizmu i zwiększoną podatność na infekcje, to powstaje solidna lista szkód, które może wyrządzić brak ruchu.

Kłopoty ze snem

Stres i brak ruchu powodują, że przeciążony umysł nie potrafi przestać pracować również w nocy.
Gonitwa myśli utrudnia zasypianie - przesuwające się w głowie obrazy nie pozwalają zapaść w sen. To samo dzieje się, gdy przebudzimy się w środku nocy. Zamiast ponownie zasnąć - myślimy.

Warto pamiętać również, że wieczorna praca przed ekranem komputera lub telefonu zaburza wydzielanie melatoniny - hormonu snu. To potęguje problem z zasypianiem.

Niewystarczająca ilość snu to dodatkowy czynnik podnoszący stres organizmu - brak snu lub słaba jego jakość powoduje wzrost wydzielania kortyzolu (hormonu stresu), który będąc w nadmiarze, uruchamia szereg negatywnych zmian w organizmie (patrz niżej).

Problem z utrzymaniem prawidłowej masy ciała

Jedzenie przed komputerem, pomijanie posiłków z powodu braku czasu, a następnie zjadanie czegokolwiek na szybko często prowadzi do problemów z utrzymaniem prawidłowej masy ciała.

Stres, kiepski sen, brak odpoczynku wpływają na gospodarkę hormonalną - głównie na poziom kortyzolu.

Jak podwyższony poziom kortyzolu wpływa na organizm?

- podnosi stężenie glukozy we krwi - może przyczyniać się do zmniejszenia wrażliwości tkanek na insulinę i insulinooporności
- hamuje wydzielanie insuliny - ogranicza to spalanie tkanki tłuszczowej i powoduje dodatkowe odkładanie jej w organizmie (tkanka tłuszczowa gromadzi się głównie w okolicach pępka, boczków, dolnej części pleców, karku)
- zaostrza apetyt - zwłaszcza na produkty tłuste i słodkie
- zwiększa rozkład białek - ma kataboliczny wpływ na mięśnie, czyli zmniejsza się nasza masa mięśniowa

Dodatkowo sam stres ma wpływ na tzw. jedzenie emocjonalne - zajadanie stresu niweluje napięcie, uspokaja.

Jeśli dodamy do tego niską aktywność fizyczną, nie ma już chyba wątpliwości, że brak równowagi życie-praca ma wpływ również na masę ciała.
Nadwaga oraz otyłość stanowią przyczynę kolejnych dolegliwości i chorób organizmu - koło złego samopoczucia rozpędza się.

☐ **Pogorszenie stanu zdrowia**

Organizm, przeciążany i zaniedbywany przez dłuższy czas, zaczyna chorować. Stres, przepracowanie, brak ruchu mogą prowadzić do następujących problemów zdrowotnych:

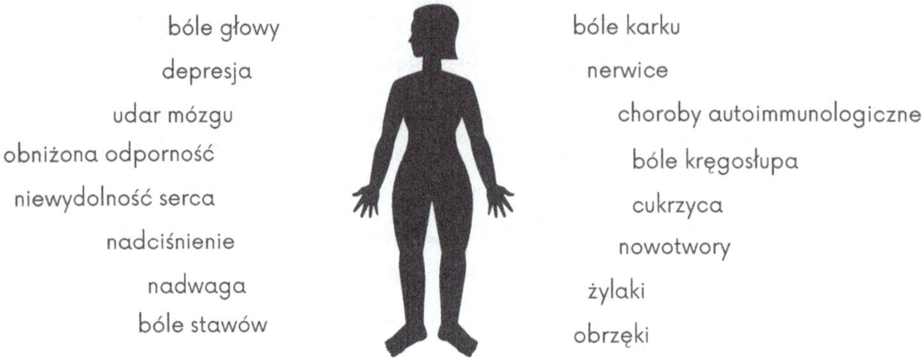

1.4 PAMIETAJ, ŻE JESTEŚ MAMĄ

Przepracowana, schorowana mama:

- ma większy kłopot z zaangażowaniem się w opiekę nad dzieckiem
- ma mniej energii, by aktywnie uczestniczyć w życiu dziecka
- ma mniej sił, aby dbać o jego zdrowie - przygotowywać zdrowe, pełnowartościowe posiłki, zapewniać odpowiednią dawkę ruchu

- postawa rodzica jest dla dziecka wzorem do naśladowania i stanowi niejako wyprawkę na jego przyszłe życie
- to od rodziców dziecko uczy się stylu życia, który będzie intuicyjnie kontynuowało w przyszłości
- dbając o swoje zdrowie, pokazujesz dziecku, że zdrowie to ważna wartość w życiu - zwiększasz szansę na to, że w przyszłości ono również będzie dbało o siebie i swoich bliskich

1.5 ZRÓB PIERWSZY KROK

Jesteś w dobrym miejscu

Jeśli po przeczytaniu pierwszego rozdziału widzisz, że faktycznie w Twoim życiu zaczęło brakować równowagi i może ucierpieć na tym Twoje zdrowie lub relacje z bliskimi, nie martw się - jesteś w dobrym miejscu!

Sam fakt, że czytasz ten tekst pokazuje, że widzisz problem i nie jest Ci on obojętny. Jeśli zdecydujesz, że chcesz wprowadzić zmiany w swoje życie, zadbać o siebie i swoje zdrowie oraz relacje z bliskimi poprzez m.in. odzyskanie równowagi życia i pracy, zapraszam Cię do kolejnych rozdziałów tej książki.

Co w niej znajdziesz?

Ćwiczenia, które zostały w niej zawarte, pomogą Ci:

- rozpoznać przyczyny utraty równowagi - wpływając na przyczynę, będziesz mogła zmienić efekt
- zbudować solidne fundamenty pod zmianę - zmiana zostanie z Tobą na długo
- skonstruować swój plan działania, dostosowany do Twojej rzeczywistości - tak, aby zmiana była realna do wprowadzenia
- trzymać rękę na pulsie - okresowo weryfikować swoje działania, czy nadal są zgodne z założeniami i Twoją piramidą wartości w życiu

To jak? Decydujesz się na zmiany?

☐ Nie jestem gotowa

☐ Tak! Chcę zadbać o siebie i bliskich

2.

Zbuduj fundamenty

2.1 WYCIŚNIJ KSIĄŻKĘ JAK CYTRYNKĘ

Maksymalne korzyści

Przygotowałam książkę w taki sposób, aby poprowadziła Cię za rękę przez drogę do Twojej równowagi. Dzięki niej możesz samodzielnie przyjrzeć się tym obszarom, które zechcesz zmodyfikować i przygotować rozwiązania idealne dla Ciebie. Uniwersalne recepty bowiem nie istnieją.

Jeśli chcesz wyciągnąć maksymalne korzyści z tego opracowania, proponuję Ci:

- przeskanuj swój plan dnia i wybierz najodpowiedniejszą chwilę na pracę z książką
- nie śpiesz się z czytaniem - lepiej działać powoli, ale z refleksją
- wykonaj każde ćwiczenie pisemnie - zaangażujesz więcej obszarów mózgu niż podczas samego czytania, lepiej utrwalisz treść - możesz wypełniać w trakcie czytania lub na samym końcu
- czytaj po kolei - kolejność rozdziałów nie jest przypadkowa

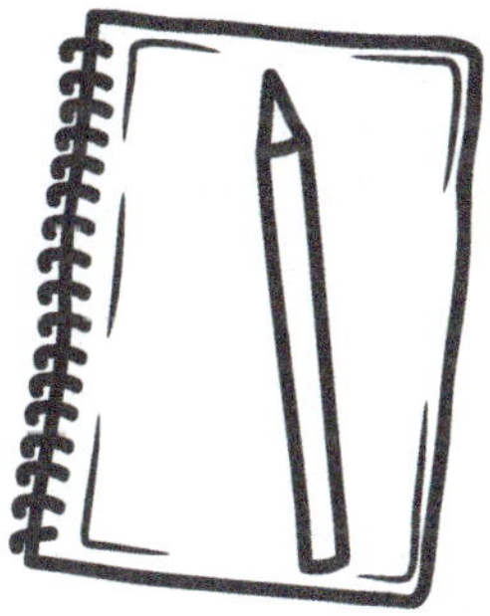

Książka czy workbook?

Aby móc zacząć działać inaczej niż dotychczas, potrzebna jest refleksja i zaplanowanie działań po nowemu. Ćwiczenia, które tu znajdziesz, pomogą Ci ułożyć cały proces. Jeśli ograniczysz się jedynie do przeczytania zawartości myślę, że niewiele wniesie to w Twoje życie. Nie skorzystasz w pełni z podanych treści.

Na końcu książki znajdziesz karty z ćwiczeniami okrojone z dodatkowych treści. Są to te same ćwiczenia, które napotkasz czytając kolejne rozdziały książki. Przygotowałam je dla Ciebie w taki sposób, żebyś mogła spokojnie ułożyć cały proces w jednym miejscu. Będziesz również mogła za pomocą skanowania kodu QR pobrać te karty do druku.

2.2 ZŁAP SZERSZY KONTEKST

Recepta na równowagę

Czy istnieje gotowa recepta na to, jak zaplanować swój plan dnia i w ogóle swoje życie, aby można było powiedzieć, że jesteś w równowadze?

Niestety nie.

Nie powiem Ci, że powinnaś pracować 8 godzin dziennie i ani chwili dłużej.
Nie powiem Ci również, że może jako matka powinnaś pracować mniej niż 8 godzin dziennie, aby więcej czasu poświęcać dzieciom.
Nikt Ci nie powie, ile powinnaś pracować, aby można to było nazwać odpowiednią ilością.

Dlaczego?

Bo każda z nas jest inna. To co dla jednej z nas będzie OK, dla drugiej może okazać się nie do przyjęcia.

Po czym więc poznasz, że Twoja równowaga życia i pracy ma się dobrze?
Będziesz czuła wewnętrzny spokój. Jeśli wsłuchasz się w siebie i zwrócisz uwagę na sygnały Twojego ciała, nigdy nie będziesz podążać niewłaściwą drogą.

Wskazówki

- działanie zgodne z wartościami daje spokój ducha - dostosuj wszystkie małe cele do swojego nadrzędnego celu
- naucz się mówić NIE, jeśli sytuacja nie służy Twoim wyższym celom
- traktuj swój czas tak, jak traktujesz pieniądze - mądrze inwestuj, rozsądnie wydawaj, a przyniesie Ci najlepszy zysk

2.3 ROZGRYŹ SCHEMAT

Jak Ci się wydaje, że to działa

Ludzie, chcąc zmienić niezadowalający ich efekt, najczęściej próbują zmienić działanie, które do takiego efektu prowadzi.

Wygląda to tak:

Taka interwencja nie okazuje się jednak ani prosta, ani w dłuższej perspektywie czasu skuteczna. A to dlatego, że taki schemat, mimo iż dosyć logiczny, jest niekompletny.

Wyobraź sobie, że zwichnęłaś kostkę. Boli Cię, gdy chodzisz (efekt), więc postanawiasz nie chodzić (zmienić działanie). Mimo, że nie chodzisz, noga dalej boli - trochę mniej, ale boli. Do tego uświadamiasz sobie, że na dłuższą metę nie dasz rady funkcjonować bez chodzenia. Problem nie zostaje rozwiązany.

Jak jest naprawdę

Co należałoby zrobić? Zdiagnozować przyczynę i zadziałać właśnie na nią. Przyczyną w tej historii jest zwichnięcie kostki - gdy zostanie ona uświadomiona (zdiagnozowana), można kostkę nastawić i w ten sposób zmienić odczuwany efekt.

Analogicznie również w innych sytuacjach życiowych należałoby poszukać przyczyny, która powoduje działanie doprowadzające do niesatysfakcjonującego efektu.
Tą przyczyną są zazwyczaj nasze myśli, a następnie emocje, powstające pod wpływem tych myśli.

W rzeczywistości wygląda to tak:

Czynnik
np. decyzja o podjęciu pracy

Myśl
np. muszę zapewnić byt na odpowiednim poziomie

Emocja
np. strach przed ograniczeniem przychodów

Działanie
np. zbytnie zaangażowanie w pracę

Efekt
np. brak równowagi życie-praca

Zmieniając myśli
np. najważniejsze są zdrowie i rodzina

zmienisz emocję
np. radość z rodzinnego odpoczynku

to zmieni działanie
np. zero pracy po godzinach

a to zmieni efekt
np. zadbasz o równowagę życie-praca

Kluczem jest zatem uświadomienie sobie myśli, które powodują, że ciąg dalszy schematu wpływa destrukcyjnie na Twoje zdrowie i relacje z bliskimi.

Dopóki nie uczynisz nieświadomego świadomym, będzie ono kierowało Twoim życiem, a Ty będziesz nazywał to przeznaczeniem.

Carl Gustav Jung

2.4 POZNAJ PRZYCZYNY

Co na to psycholog?

Aby ułatwić Ci uświadomienie sobie niewspierających myśli, zebrałam w tym podrozdziale najczęstsze przyczyny braku równowagi życia i pracy. Zestawienie powstało we współpracy z psychologiem - dzięki temu masz pewność, że zawiera rzetelne treści.

Poniżej obszary, w których możemy upatrywać przyczyn braku równowagi.

- Presja kulturowa obecnych czasów, w których na kobiety zostały nałożone bardzo wysokie wymagania.
- Różnego rodzaju przekonania zakotwiczone w dzieciństwie lub wczesnej młodości.
- Styl wychowania, jaki miał miejsce w Twoim domu rodzinnym.
- Stare, ukryte głęboko w podświadomości tematy z dzieciństwa. Ich uświadomienie i zmierzenie się z nimi bywa niekiedy bolesne, ale potrafi zmienić perspektywę.

Kwestie kulturowe

Jest to temat, od którego najłatwiej zacząć. Dzisiejszy świat propaguje kult pracy. Praca definiuje człowieka. Pytanie „czym się zajmujesz?" jest jednym z podstawowych pytań zadawanych podczas zawierania znajomości. To często powoduje wewnętrzną presję bycia osobą sukcesu.

Dodatkowo na przestrzeni lat zmieniły się również role kobiet. Dawniej w rodzinach wielopokoleniowych obowiązki rozkładały się na wszystkich domowników. W czasach PRL-u kobiety szły do pracy, ale nikt nie oczekiwał od nich wspinania się po szczeblach kariery.
Dziś kobieta musi być dobrą matką, dbać o dom, o swój wygląd, a przy tym spełniać się zawodowo. To duży wysiłek, często ponad wydolność organizmu.

Przekonania dotyczące pracy

To, w jaki sposób człowiek pracuje obecnie, często ma duży związek z tym, w jaki sposób praca była traktowana w jego domu rodzinnym. Jaki otrzymał rodzinny przekaz na temat pracy.

Przekonanie

To zbiór opinii i wyobrażeń danego człowieka.
Jest to również przeświadczenie, że to, o czym myśli, jest prawdą.

Na bazie tego przekazu kształtują się w umyśle przekonania, które stają się wyznacznikiem działania w życiu. Postępowanie zgodne z przekonaniami bywa jednak niekiedy zgubne, gdyż nie zawsze są one zgodne z faktami.

Siła naszych przekonań nie dowodzi ich słuszności.

John Locke

Sprawdź, jak to wygląda u Ciebie. Odpowiedz na poniższe pytania i przyjrzyj się swoim odpowiedziom.

W jaki sposób mówiło się o pracy w Twoim rodzinnym domu?

Czy praca była najważniejsza?

Czy praca była czymś obowiązkowym?

Czym dla Ciebie jest praca? Zaznacz 3 najważniejsze czynniki.

- [ ] bezpieczeństwem
- [ ] źródłem dochodu
- [ ] powołaniem
- [ ] możliwością samorealizacji
- [ ] sensem życia
- [ ] czymś, co daje poczucie bycia potrzebną
- [ ] czymś, co daje poczucie przynależności do grupy
- [ ] możliwością zdobycia uznania społecznego
- [ ] ucieczką przed samotnością
- [ ] możliwością rozwoju osobistego
- [ ] tożsamością (czymś, co Cię określa)
- [ ] możliwością zdobycia odpowiedniego statusu
- [ ] ucieczką przed problemami w relacjach
- [ ] obowiązkiem każdej dorosłej osoby
- [ ] możliwością bycia niezależną
- [ ] obowiązkiem rodzica, polegającym na zapewnieniu dziecku odpowiedniej przyszłości

Styl wychowania

Kolejnym ważnym aspektem jest styl wychowania, jaki był prezentowany przez rodziców w Twoim domu rodzinnym. Ukształtował on Twoje schematy postępowania i myślenia oraz dodatkowe przekonania: o Tobie samej, o tym co wolno, czego nie wolno, co należy, powinno się, nie powinno się, trzeba.

Poniżej przykłady przekazów z dzieciństwa i wypływające z nich niewspierające przekonania:

Wpajanie bezwzględnej obowiązkowości i odpowiedzialności. „Najpierw praca, a potem przyjemności".	>>>	Nie możesz odpocząć, kiedy jesteś zmęczona - możesz dopiero wówczas, gdy wykonasz wszystkie zadania. Efekt - nie odpoczywasz praktycznie wcale.
Wysokie wymagania, akceptowanie tylko idealnie wykonanych zadań. „Jak masz robić byle jak, to nie rób wcale".	>>>	Myślisz zero-jedynkowo, co prowadzi do perfekcjonizmu - nie pozwalasz sobie na przeciętny wynik ani na błędy. Masz poczucie, że to, co robisz, określa Twoją własną wartość.
Wychowanie nieznoszące sprzeciwu, brak zgody na stawianie granic i wyrażanie potrzeb przez dziecko. „Dzieci i ryby głosu nie mają".	>>>	Uważasz, że trzeba spełniać oczekiwania innych nawet własnym kosztem, nie wolno odmawiać, boisz się reakcji drugiej strony na odmowę.
Porównywanie do innych, presja do bycia najlepszą w grupie rówieśników oraz: „Umiesz liczyć, licz na siebie".	>>>	Masz wysokie ambicje, tendencję do brania udziału w wyścigu szczurów, oceniasz się przez pryzmat wyniku na tle grupy. Proszenie o pomoc to dla Ciebie oznaka słabości.

Traumy z dzieciństwa

Zdarza się również tak, że brak równowagi życia i pracy wynika z różnego rodzaju trudnych sytuacji rodzinnych, mających miejsce w trakcie dorastania.

Do takich sytuacji zaliczymy m.in.:

- alkoholizm jednego lub obojga rodziców lub inne uzależnienie
- choroba psychiczna rodzica, nieobecność psychiczna rodzica
- niepełnosprawność rodzica
- nieobecność fizyczna rodzica, np. częste wyjazdy
- przemoc fizyczna
- przemoc psychiczna

Każda z tych sytuacji powoduje, że rodzina staje się dysfunkcyjna - nie zaspokaja potrzeb emocjonalnych jej członków, nie zapewnia bezpieczeństwa ani właściwych warunków do prawidłowego rozwoju i wzrastania dzieci.

O ile zagadnienia z pierwszych punktów są dla większości raczej klarowne, tak czasem nie do końca uświadomiona bywa przemoc psychiczna. Zaliczamy do niej wszelkie upokorzenia, wyzwiska, ale również narzucanie swojego zdania, wyśmiewanie opinii, szantaże, groźby, obrażanie się, manipulacje, kontrolowanie, stałe ocenianie, krytykę.

W efekcie dorastania w trudnej sytuacji rodzinnej dziecko kształtuje różnego rodzaju mechanizmy obronne, pomagające mu przetrwać psychicznie w danych warunkach.

Poniżej schematy postępowania ukształtowane w dziecku w odpowiedzi na trudną sytuację rodzinną i ich konsekwencje w przyszłości:

Dziecko nie chce być dodatkowym problemem, spełnia wszystkie oczekiwania, nie buntuje się, nie sprawia kłopotów.

Jako dorosły zachowuje się podobnie: przyjmuje wszystkie przydzielone zadania, nie stawia granic, nie wyraża potrzeb.

Wchodzi w rolę „ratownika", czuje się odpowiedzialne za bezpieczeństwo lub zmianę sytuacji członków rodziny.

Przejmuje wszystkie najważniejsze zadania, czuje nadmierną odpowiedzialność za losy firmy, nie pozwala sobie na dni wolne.

Widzi, że jeśli nie podejmie się niektórych zadań, nawet tych nieadekwatnych do jego wieku czy roli w rodzinie, to nikt tego nie zrobi.

Czuje, że ciąży na nim odpowiedzialność zbiorowa, podejmuje się zadań, których nikt nie chce, czuje presję zgłaszania się na ochotnika.

Przez to, że zawsze inny problem jest w centrum uwagi (członek rodziny mający problemy), dziecko zostaje zauważone, tylko jeśli dokona czegoś niezwykłego lub wykona zadanie perfekcyjnie.

Jako dorosły ma przeświadczenie, że zostanie zauważone, tylko jeśli czegoś dokona. Wtedy czuje, że coś znaczy - czyli swoją wartość buduje w oparciu o pochwały.

Dziecko, aby przetrwać trudne sytuacje, wyrabia w sobie mechanizm dysocjacji - oderwania od rzeczywistości i swoich emocji.

W dorosłym życiu ma trudność w wyrażaniu emocji, zwłaszcza tych trudnych (złość, smutek), często następuje u niego odcięcie umysłu od ciała - nie zwraca uwagi na podstawowe potrzeby organizmu.

Co możesz zrobić z tą wiedzą?

Jeśli wśród wymienionych przyczyn braku równowagi życia i pracy odnalazłaś swoją, pomyśl, co możesz z nią zrobić.
Jak możesz zaopiekować dany obszar? W jaki sposób możesz przetransponować swoje myśli, aby emocje, które się pod ich wpływem pojawiają, wspierały Twoje działanie ku zmianie?

Wykorzystaj poniższe pytania:

Jakie przekonanie lub myśl powodują, że tracisz równowagę życia i pracy?

Czy ta myśl/przekonanie opiera się na faktach? Czy znasz kogoś, kto myśli inaczej?

Co powoduje to przekonanie? Czy pozwala Ci ono realizować Twoje wyższe cele?

Czy czujesz się dzięki niemu tak, jak chciałabyś się czuć?

Czy pomaga Ci ono chronić Twoje życie i zdrowie?

Po co w nie wierzysz? Co ono maskuje?

A teraz zastanów się, jak możesz przetransponować swoje przekonanie/myśl, aby było ono wspierające dla Ciebie:

Jak mogłoby brzmieć to przekonanie, aby wspierało Twoją równowagę?

Czego potrzebujesz, aby móc w ten sposób myśleć i działać?

Czy poradzisz sobie sama ze zmianą przekonania/myśli?

Jeśli masz wrażenie, że przyczyny, z których wynika Twój brak równowagi życia i pracy, są zbyt trudne dla Ciebie i nie podołasz im samodzielnie, weź pod uwagę konsultację ze specjalistą. Warto skorzystać z takiej pomocy, zanim dopadnie Cię załamanie nerwowe lub zawodowe wypalenie.

Specjaliści, którzy mogą Ci pomóc:

- psycholog
- psychoterapeuta
- psychiatra
- psychotraumatolog

Możesz np. zajrzeć do Pauliny Gaworskiej-Gawryś, psycholog, z którą konsultowałam treści: paulinagaworska.pl (psycholog@paulinagaworska.pl).

Jeśli w tej chwili jesteś gotowa iść dalej, zapraszam Cię do kolejnych treści. Będziesz mogła zbudować swoje fundamenty pod zmianę.

2.5 BUDUJ NA SKALE

Twoje fundamenty

Wyobraź sobie, że budujesz dom. Chciałabyś, aby był to dom dla Ciebie i Twojej rodziny. Musi być solidny, abyście czuli się w nim bezpiecznie. Musi być trwały, aby przetrwał długie lata. Czy taki dom postawiłabyś na nieprzemyślanych fundamentach?

Podobnie jest z codziennym życiem - jeśli działasz w nim w oparciu o przemyślane, solidne fundamenty, to masz pewność, że każda Twoja czynność ma nadany odpowiedni priorytet. Dodatkowo jesteś spokojna, bo wiesz, że proporcje pomiędzy wykonywanymi czynnościami są dokładnie takie, jak byś chciała.

Kim jesteś?

Aby określić fundamenty, należy odpowiedzieć sobie na następujące pytania:

Kim jesteś pod względem:

- wartości
- motywacji
- cech
- umiejętności
- doświadczeń

Odpowiedzi na te pytania staną się bazą - Twoim punktem odniesienia, według którego będziesz mogła zweryfikować kurs swojej podróży przez drogę zwaną życiem.

Wartości jako drogowskazy

Wartość według jednej z definicji to wszystko, co uchodzi za ważne i cenne dla jednostki i społeczeństwa oraz jest godne pożądania, co łączy się z pozytywnymi przeżyciami i stanowi jednocześnie cel dążeń ludzkich.

Mówiąc prościej - wartości są jak drogowskazy, które zawsze kierują Cię we właściwą stronę. Jeśli podążasz za nimi, możesz być pewna, że idziesz właściwą drogą - będziesz czuła spokój i harmonię.

Brak równowagi pojawia się zawsze wtedy, gdy świat zewnętrzny nie jest spójny ze światem wewnętrznym - czyli wówczas, gdy działanie nie odzwierciedla wartości i nie jest spójne z długofalowymi celami.

Ustal swoje wartości

Przed Tobą ważne ćwiczenie, które pozwoli zbudować fundamenty pod działania będące w zgodzie z Tobą.

Spośród wszystkich podanych niżej wartości wybierz 8 najważniejszych dla Ciebie.

Pamiętaj, że wartości są nienaruszalne - albo wybrana wartość jest Twoja i chcesz prowadzić całe swoje życie w zgodzie z nią, albo po prostu Twoja nie jest.

Świadome wybranie swoich wartości to powiedzenie sobie (a czasem i innym), jak dokładnie chcesz żyć od tej pory. Dzięki temu dokonywanie wyborów stanie się łatwiejsze, a odpowiednie decyzje będą budować Twój spokój i pewność siebie. Warto pamiętać o tym, że ostatecznie to nasze czyny pokazują, które wartości uznajemy za najważniejsze.

To co najważniejsze, nie może być na łasce tego, co mniej ważne.

Johann Wolfgang von Goethe

Autentyczność
Akceptacja
Bezpieczeństwo
Bogactwo
Bliskie relacje
Ciekawość
Cierpliwość
Czułość
Czystość
Delikatność
Duma
Dyskrecja
Duchowość
Doskonałość
Dostatek
Elastyczność
Efektywność
Entuzjazm
Godność
Harmonia
Honor
Hedonizm
Intuicja
Intymność

Konsekwencja
Kreatywność
Komfort
Kompetencja
Konsekwencja
Lojalność
Marzenia
Miłość
Misja
Mądrość
Nadzieja
Niezależność
Odpowiedzialność
Odwaga
Otwartość
Ojczyzna
Otoczenie
Pasja
Przygoda
Perfekcjonizm
Pomoc innym
Pogoda ducha
Przyjaźń
Prestiż

Prawda
Piękno
Prawość
Pokora
Prostota
Przyjemność
Rodzina
Radość
Rozwój
Rozwaga
Ryzyko
Rozrywka
Równowaga
Rzetelność
Samoświadomość
Sława
Spontaniczność
Sprawiedliwość
Szczęście
Stanowczość
Sukces
Szczerość
Szczodrość
Spokój

Stabilność
Szacunek
Szlachetność
Tolerancja
Troskliwość
Twórczość
Uczciwość
Wdzięczność
Wiedza
Władza
Wykształcenie
Wygoda
Wolność
Wierność
Wyrozumiałość
Wsparcie
Wrażliwość
Wiarygodność
Wiara
Zaufanie
Zaradność
Zdrowie
Zadowolenie
Zaangażowanie

Hierarchia wartości

Jeśli wybrałaś już 8 najważniejszych wartości, którymi będziesz kierować się w życiu, **uporządkuj je według ważności**. Jako pierwszą zapisz tę wartość, którą zostawiłabyś, jeśli musiałabyś odrzucić wszystkie inne - ta wartość jest najważniejsza dla Ciebie.
Następnie dopisz pozostałe 7 w odpowiedniej kolejności.

Hierarchia wartości zmusza Cię do wyboru - układając kolejność zastanów się, którą wartość mogłabyś poświęcić w imię wyżej zapisanej wartości.

1. ______________________________

2. ______________________________

3. ______________________________

4. ______________________________

5. ______________________________

6. ______________________________

7. ______________________________

8. ______________________________

Koło priorytetów

Znasz już swoje wartości i ich hierarchię w Twoim życiu.
W tym ćwiczeniu stworzysz swoje koło priorytetów dla najważniejszych obszarów Twojego życia.

Nic nie potrafi nadać naszemu życiu większej mocy,
niż skupienie wszystkich sił na ograniczonej liczbie celów.

Nido Quebein

W pierwszej kolejności wypisz wybrane obszary, a następnie oceń swój aktualny poziom satysfakcji w tych strefach w skali od 1 do 10
(1 - znikome zadowolenie, 10 - całkowite spełnienie).

Przykładowe obszary to: praca, rodzina (mąż/partner, dzieci, dalsza rodzina), przyjaciele, finanse, zdrowie (sport, zdrowe odżywianie), relaks, pasja, rozwój (osobisty, duchowy, zawodowy).

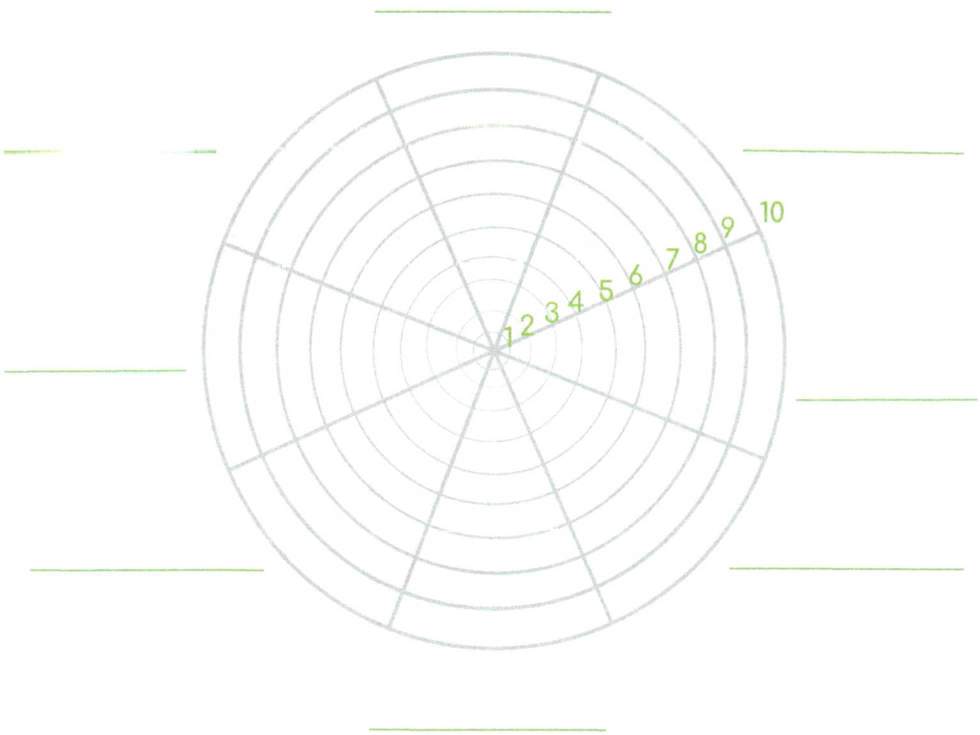

A teraz wyobraź sobie, że Twoje życie to słoik. Ty decydujesz, co chcesz do niego włożyć. Postanawiasz umieścić w nim różne rzeczy:

- kamienie - obszary najważniejsze dla Ciebie
- piasek - obszary trochę mniej ważne
- wodę - obszary najmniej ważne

Zauważ, że kolejność układania rzeczy w słoiku ma znaczenie:

- jeśli najpierw zapełnisz słoik wodą - nic innego w nim nie zmieścisz
- jeśli najpierw wypełnisz słoik piaskiem, będziesz w stanie dolać do niego jeszcze trochę wody, ale kamieni już nie włożysz
- jeśli najpierw ułożysz kamienie, będziesz mogła w następnej kolejności wsypać również piasek (wypełni przestrzenie między kamieniami), a na koniec wlać wodę (dopełni słoik po brzegi)

W drugiej części ćwiczenia na kole priorytetów zaznacz innym kolorem (przy każdym obszarze) poziom satysfakcji, który chciałabyś osiągnąć docelowo dla każdego obszaru.
Wykorzystaj wnioski z ćwiczenia dotyczącego hierarchii wartości - zróżnicuj swoje cele względem ustalonej wcześniej ważności wartości.

Który obszar jest dla Ciebie najważniejszy?

W który obszar chcesz się bardziej zaangażować w pierwszej kolejności?

W który obszar potrzebujesz zaangażować się mniej, by móc zająć się innymi obszarami?

Znajdź swoje „dlaczego"

Podstawą motywacji do jakiejkolwiek zmiany w życiu jest świadomość celu, w jakim chcesz tę zmianę wprowadzić.
W pierwszej kolejności warto sobie uświadomić, dlaczego obecny stan Ci nie odpowiada oraz jak może wyglądać Twoje życie za 5 lat, jeśli nie wprowadzisz żadnej zmiany.
Następnie warto zastanowić się, jak mogłoby wyglądać Twoje życie, gdybyś jednak zdecydowała się na zmianę.

W tym ćwiczeniu przeanalizuj właśnie w taki sposób każdy z 8 obszarów wybranych przez Ciebie w poprzednim zadaniu, zaczynając od najważniejszego. Opisz również za każdym razem **swoje uczucia.**

Obszar	Jak będzie, gdy nic nie zmienisz?	Jak będzie, gdy dokonasz zmian?
	Wizja: Emocje:	Wizja: Emocje:
	Wizja: Emocje:	Wizja: Emocje:
	Wizja: Emocje:	Wizja: Emocje:

	Wizja: Emocje:	Wizja: Emocje:
	Wizja: Emocje:	Wizja: Emocje:
	Wizja: Emocje:	Wizja: Emocje:
	Wizja: Emocje:	Wizja: Emocje:
	Wizja: Emocje:	Wizja: Emocje:

Podsumowanie

Które swoje wartości poświęcałaś, aby żyć tak, jak dotąd?

Na które wartości chcesz stawiać od dzisiaj, aby czuć, że jesteś w równowadze?

Co zyskasz dzięki odzyskaniu równowagi?

Co zyskają Twoi bliscy?

Czego chcesz robić więcej w swoim życiu? Konkretnie.

Czego chcesz robić mniej? Konkretnie.

O czym chcesz pamiętać każdego dnia?

Jak będziesz się czuła, gdy osiągniesz równowagę życia i pracy?

3.

Zaprojektuj przyszłość

3.1 PRZYGOTUJ SIĘ

Przed realizacją projektu

Wyobraź sobie, że chcesz stworzyć wokół domu ogród swoich marzeń. Raczej mało prawdopodobne jest, że podejdziesz do realizacji takiego projektu bez przygotowania.

Podejrzewam, że w pierwszej kolejności roztoczysz w swojej głowie wizję efektu, który chcesz osiągnąć. Wyobrazisz sobie siebie i swoją rodzinę w ogrodzie oraz przemyślisz, czego dokładnie potrzebujesz.

Następnie zastanowisz się, co wiesz na temat projektowania ogrodów, jakie znasz rośliny, które Ci się podobają i czy kiedyś którąś z nich hodowałaś. Weźmiesz pod uwagę również swoje możliwości - zdecydujesz, czy podołasz przedsięwzięciu samodzielnie, czy zechcesz prosić o pomoc (a jeśli tak, to kogo). Przekonasz do swojego pomysłu najbliższych.

Dopiero po ustaleniu powyższych faktów przejdziesz do tworzenia szczegółowego planu działania.

Nic na hura

Dokładnie w ten sam sposób należy podchodzić do realizacji życiowych projektów i wszelkiego rodzaju zmian. Działanie na hura zwiększa ryzyko porażki lub skazuje na efekt nie do końca taki, jaki był zamierzony.

W tym rozdziale zajmiemy się zatem dwoma aspektami:

- zbudowaniem wizji przyszłości, do której chcesz dążyć - wizji Ciebie będącej w równowadze życia i pracy
- zebraniem Twoich zasobów - cech, umiejętności, doświadczeń, które pomogą Ci równowagę odzyskać

3.2 ZACZNIJ Z WIZJĄ KOŃCA

Określ, do czego dążysz

W tym ćwiczeniu zbudujesz wizję rzeczywistości, do której chcesz dążyć. Mając taką wizję, zyskasz łatwość w ocenie swoich działań - będziesz wiedziała, które czynności wybierać, aby dojść do celu oraz które eliminować, ze względu na rozbieżność z celem.

Użyj swojej wyobraźni, wsłuchaj się w siebie. Nie myśl o ograniczeniach, to nie jest ten moment. Skup się na wizji przyszłości, do której chcesz dążyć.

Przyszłość, którą przewidujesz, jest przyszłością, którą dostajesz.

Robert G. Allen

Do czego dążysz? Jak chciałabyś, żeby wyglądało Twoje życie w równowadze? Co to dla Ciebie znaczy?

Jak chciałabyś, żeby wyglądał Twój dzień roboczy?

Jak chciałabyś, żeby wyglądał Twój dzień wolny?

Twoja praca

Teraz przyjrzyj się swojej pracy i odpowiedz na pytania:

W jaki sposób chcesz pracować? Co jest dla Ciebie ważne w pracy?

Z jakiego powodu taki styl pracy jest dla Ciebie ważny?

Czy w obecnej pracy jesteś w stanie odzyskać równowagę?
Jak wyobrażasz sobie siebie w obecnej pracy w równowadze?

Czy decydujesz się zostać w obecnym miejscu pracy?

Jak poczujesz się w pracy, wiedząc, że działasz zgodnie ze swoimi wartościami i osiągnęłaś stan równowagi?

Twoje relacje

W następnej kolejności weź pod lupę swoje relacje z bliskimi:

Kto jest dla Ciebie ważny? Na jakich relacjach Ci zależy?

Czego potrzebują Twoi bliscy? Określ potrzeby każdego z nich.

Co chcesz im zaoferować? Przedstaw ofertę dla każdego z bliskich.

Z jakiego powodu czujesz, że to dla Ciebie ważne?

Jak będziesz się czuła w relacjach z bliskimi, gdy odzyskasz równowagę życia i pracy?

Twoje zdrowie

A teraz czas na Twoje zdrowie - fizyczne i psychiczne:

Jak chcesz się czuć, gdy osiągniesz równowagę?
Opisz doznania fizyczne i psychiczne.

W jaki sposób chcesz się odżywiać? Jak konkretnie? (Co, ile, kiedy, gdzie).

Z jakiego powodu chcesz się tak odżywiać?

Jak będziesz się czuła i wyglądała, gdy będziesz się właśnie tak odżywiać?

Co będą mówić osoby bliskie o Tobie, gdy to się wydarzy?
Czy również na tym skorzystają?

Jak chcesz, żeby wyglądała Twoja aktywność fizyczna? Jak konkretnie? (Co, ile, kiedy, gdzie).

Z jakiego powodu chcesz, żeby Twoja aktywność fizyczna tak wyglądała?

Jak będziesz się czuła i wyglądała, gdy zadbasz o taką dawkę ruchu?

Co będą mówić osoby bliskie o Tobie, gdy to się wydarzy?
Czy również na tym skorzystają?

Jakie badania będziesz wykonywać regularnie? Jakich specjalistów odwiedzać?

Jak chcesz, żeby wyglądał Twój odpoczynek?
Jak chcesz się czuć odpoczywając?

Z jakiego powodu jest to dla Ciebie ważne?

Jak chcesz, żeby wyglądał Twój sen, gdy będziesz w równowadze?

Z jakiego powodu chcesz, żeby tak wyglądał?

W jaki jeszcze inny sposób chcesz dbać o zdrowie fizyczne i psychiczne,
gdy już będziesz w równowadze życia i pracy?

3.3 ZBIERZ NARZĘDZIA

Potrafisz więcej, niż Ci się wydaje

Z nowym wyzwaniem lub próbą wprowadzenia zmian w życie często wiążą się różnego rodzaju obawy. Nie jesteś pewna, czy sobie poradzisz, nie wiesz, co spotka Cię na drodze, przejmujesz się tym, co powiedzą inni.

Dzieje się tak ze względu na:

- blokujące przekonania - więcej pisałam o tym w podrozdziale 2.3
- nieznajomość swoich zasobów

> **Co to są zasoby?**
>
> Zasoby to wszystko to, z czego człowiek może czerpać w życiu codziennym, co jest źródłem jego siły i może zostać wykorzystane do realizacji jego celów.

- cechy charakteru
- nabyte umiejętności
- przeżyte doświadczenia
- wrodzone talenty, posiadane pasje
- środowisko, w którym człowiek się znajduje

Jeśli znasz swoje zasoby - widzisz, jakimi narzędziami dysponujesz. Czujesz się pewniej rozpoczynając działanie. W chwilach zwątpienia możesz również odwołać się do posiadanych zasobów i odbudować swoją pewność siebie.

Szczęście to zdolność wykorzystania tego, co zostało Ci dane.

Milton Erickson

Rodzaje zasobów

Warto mieć na uwadze, że zasoby to nie tylko wewnętrzne uwarunkowania. To również aspekty zewnętrzne, które mogą służyć realizacji celów - osoby z bliskiego otoczenia, dostęp do specjalistów, warunki materialne itp.

Zbierz swoje narzędzia

Przypomnij sobie, jak wyglądał proces tworzenia ogrodu - przed rozpoczęciem działań należało zebrać informacje dotyczące wiedzy, umiejętności, doświadczeń i zweryfikować wsparcie.

Dokładnie te same zagadnienia proponuję Ci przeanalizować w tym ćwiczeniu. Dzięki temu zbierzesz swoje narzędzia, które pomogą Ci działać skutecznie.

Jakie masz mocne strony? Za co bywasz chwalona? Które z tych cech charakteru pomogą Ci utrzymać równowagę życia i pracy?

Jakie umiejętności posiadasz, które pomogą Ci odzyskać równowagę?

Czy byłaś kiedyś w sytuacji, w której udawało Ci się utrzymać równowagę?

Jeśli tak, to co było wówczas inne? Jak inaczej działałaś?

Co z tamtego okresu mogłabyś wykorzystać w działaniu od dzisiaj?

Jeśli miałaś problem z odpowiedzią na powyższe pytania, przypomnij sobie inną konkretną sytuację, być może podobną, z którą kiedyś sobie poradziłaś. Co Ci wtedy pomogło? Z jakich umiejętności skorzystałaś? Przeanalizuj tamtą sytuację dokładnie i wróć do powyższych pytań - być może uznasz, że warto coś jeszcze dopisać.

A teraz zajmijmy się zasobami zewnętrznymi:

Na czyje wsparcie możesz liczyć, aby móc odzyskać równowagę życia i pracy? Napisz przy każdej osobie, w jaki sposób może Ci pomóc.

Jak wygląda Twoja sytuacja finansowa? Czy możesz sobie pozwolić na ewentualne obniżenie zarobków, zmianę wymiaru godzin pracy, zmianę pracy? Czy bierzesz takie opcje pod uwagę?

Jeśli przed zmianą blokuje Cię strach związany z ewentualnymi konsekwencjami, które możesz ponieść z powodu zmiany, zadaj sobie poniższe pytania. Może uznasz, że ewentualne konsekwencje nie są gorsze od tych, które obecnie ponosisz.

Co najgorszego mogłoby się wydarzyć, gdybyś przez zmniejszenie zaangażowania w pracę, utraciła obecne stanowisko?

Co byś wówczas zrobiła? Jakie znalazłabyś rozwiązanie w tej sytuacji?

Co dobrego mogłoby z tego wyniknąć?

Podsumowanie

Co postanawiasz?

Z jakiego powodu to postanawiasz?

Co Ci pomoże wdrożyć zmiany?

Inne Twoje wnioski i pomysły:

4.

Idź po swoje

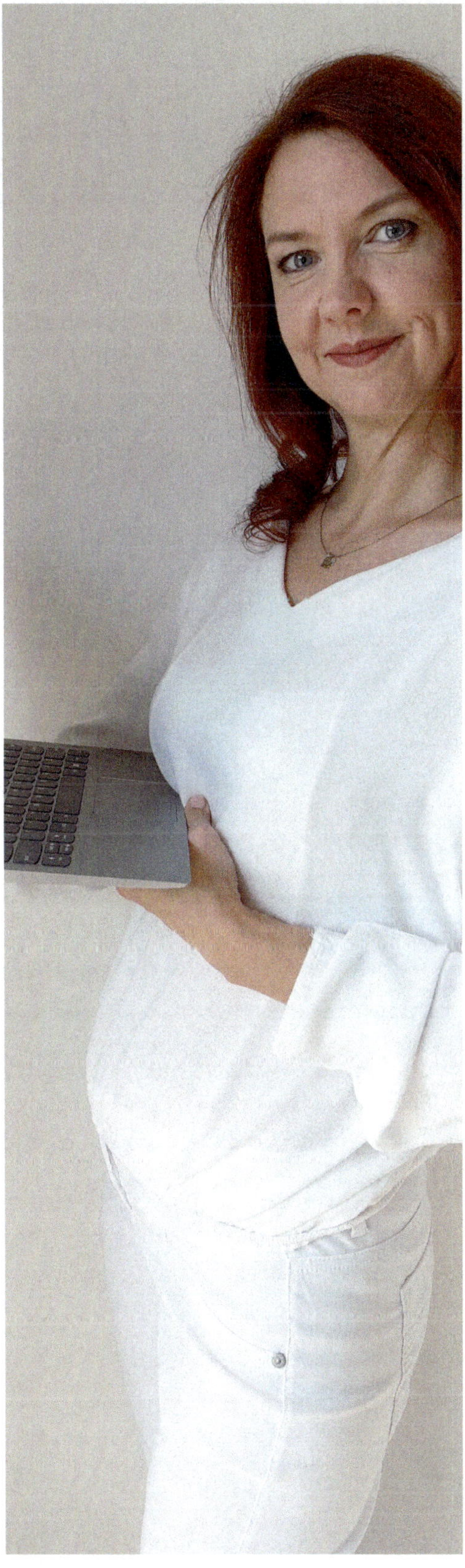

4.1 SPRECYZUJ CEL

Dlaczego warto to zrobić?

Wróćmy do historii o budowie domu z ogrodem. Skąd wiesz, jaki dom chcesz wybudować? Po czym poznasz, że już możesz się wprowadzać? Jestem przekonana, że zabierając się za budowę domu, zastanowiłabyś się najpierw i dokładnie określiła, do jakiego efektu dążysz. Jednocześnie oszacowałabyś koszty i sprawdziła, czy stać Cię na takie przedsięwzięcie. W ostatniej kolejności zaplanowałabyś termin, w którym chcesz się do domu wprowadzić.

Wszystko po to, żeby uniknąć dodatkowych kosztów ewentualnych poprawek, ograniczyć stres w trakcie budowy i na końcu móc cieszyć się oczekiwanym efektem.

Wygrywa ten, kto ma jasno określony cel
i nieodparte pragnienie, aby go osiągnąć.

Napoleon Hill

Osobne cele

W ten sam sposób warto podejść do planowania życiowych projektów. Odzyskiwanie równowagi między pracą a życiem jest jak najbardziej projektem - wyzwaniem, sytuacją, która nie zmieni się z dnia na dzień. Dlatego warto podejść do zagadnienia metodycznie.

Proponuję Ci rozpisanie celów dla 3 najważniejszych obszarów. Wróć do swojego koła priorytetów, przypomnij sobie obszary, na których zależy Ci najbardziej i wykonaj dla nich ćwiczenie precyzowania celu.

Jako że tematem tej książki jest równowaga życia i pracy mamy chcącej zadbać o swoje zdrowie, w dalszej części skupimy się na 3 obszarach:

- pracy
- relacjach z bliskimi
- zdrowiu

Model SMART

Jest kilka metod pomocnych w precyzowaniu celów. W tej książce chciałabym Ci przedstawić model SMART. Być może już się z nim spotkałaś w swojej pracy zawodowej - jest on często wykorzystywany do budowania założeń i oceny postępów realizacji projektów. Posłuży również doskonale do konstruowania celów życiowych.

SMART to skrót - tworzą go pierwsze litery podstawowych założeń, jakie prawidłowo sprecyzowany cel powinien spełniać.

S

sprecyzowany
Co konkretnie zamierzasz? Opisz swój cel możliwie najdokładniej. Precyzując go, uwzględnij odpowiedzi na pytania: jak, gdzie, kiedy, z kim, jak często, ile.

M

mierzalny
Po czym poznasz, że się udało? W jaki sposób będziesz oceniać swoje postępy w realizacji celu? Czym będziesz je mierzyć?

A

atrakcyjny
Co będzie atrakcyjnego w osiągnięciu celu?
Co będzie atrakcyjnego na drodze do celu?

R

realny
Czy to, co sobie zaplanowałaś, jest realne do wykonania?
Jeśli masz wątpliwości - skoryguj punkt 1, czyli literkę S.
(Lepiej jest zakładać na początek mniejsze cele i po ich osiągnięciu podnosić sobie poprzeczkę, niż od razu zakładać cel bardzo ambitny, trudny do zrealizowania. Cele zbyt ambitne są częstą przyczyną niepowodzeń, rezygnacji i obniżania wiary we własne możliwości).

T

terminowy
Do kiedy chcesz zrealizować cel?
Jak często będziesz kontrolować postępy?

Twoja praca

W pierwszej kolejności weź na tapet cel dotyczący Twojej pracy. Aby ułatwić Ci sprecyzowanie tego celu, poniżej zebrałam zagadnienia, nad którymi warto się zastanowić tworząc koncepcję.

- **miejsce pracy**
  Czy Ci pasuje? Czy w tym obszarze chcesz coś zmieniać?
- **rodzaj i zakres wykonywanych obowiązków**
  Czy robisz to, co lubisz? Czy masz z tego satysfakcję? Czy ilość zadań jest możliwa do wykonania w założonym przez Ciebie czasie pracy (lub czasie wynikającym z umowy z pracodawcą)?
- **godziny pracy**
  Czy Ci odpowiadają? Czy wymiar pracy jest dla Ciebie OK? Czy istnieje jasno określony sposób na odbiór ewentualnych nadgodzin?
- **wynagrodzenie**
  Czy uważasz, że jesteś odpowiednio wynagradzana za swoją pracę? Jak wyglądają płace na rynku na podobnych stanowiskach, w podobnych biznesach?
- **granice odpowiedzialności**
  Czy znasz zakres swojej odpowiedzialności w firmie? Zdajesz sobie sprawę z tego, gdzie kończy się Twoja odpowiedzialność, a gdzie zaczyna się odpowiedzialność innego pracownika lub przełożonego? Jeśli prowadzisz swój biznes, to czy decydujesz się na delegowanie zadań?
- **higiena pracy**
  Czy korzystasz z należnych Ci przerw? Czy dbasz o swoje potrzeby fizjologiczne w pracy? Jesz regularnie, w spokojnych warunkach?
- **asertywność**
  Czy umiesz stawiać granice w pracy - sobie lub przełożonym?
- **relacje**
  Czy jesteś zadowolona z relacji, jakie panują w miejscu pracy?

Sprecyzuj cel dla obszaru PRACA

S sprecyzowany	
M mierzalny	
A atrakcyjny	
R realny	
T terminowy	

Twoje relacje z bliskimi

Bycie mamą to rola na całe życie. W zależności od wieku dzieci potrzebują Cię w inny sposób. Jeśli spojrzysz na swoje macierzyństwo przez pryzmat zagadnień poruszonych w podrozdziale 2.4, to możesz również zauważyć, że to, jakie warunki rozwoju im stwarzasz teraz, będzie miało wpływ również na to, czy:

- ✅ ich poczucie własnej wartości ukształtuje się we właściwy sposób
- ✅ będą umiały stawiać granice i zgłaszać swoje potrzeby
- ✅ będą rozumiały potrzebę dbania o siebie i swoje zdrowie

Nie jest to książka o wychowaniu dzieci i zupełnie nie chcę wchodzić w Twoje kompetencje bycia mamą. Chcę jedynie zasygnalizować Ci zagadnienia, które warto wziąć pod lupę, planując obszar życia po pracy. Ważne jest to również dlatego, że kiedyś dzieci mogą powielić Twój schemat braku równowagi między pracą, a życiem prywatnym.

- [ ] czy ilość czasu, który poświęcasz rodzinie, jest dla Ciebie OK?
- [ ] czy aktywnie słuchasz i jesteś obecna myślami spędzając czas z rodziną?
- [ ] czy pamiętasz o ważnych wydarzeniach? Bierzesz w nich udział?
- [ ] czy masz czas i siłę na wspólne aktywności?
- [ ] czy Twoje dzieci czują się zaopiekowane - fizycznie, ale i psychicznie?
- [ ] czy jesteś wolna od uzależnień?
- [ ] czy problemy innych członków rodziny są tak samo ważne jak Twoje?
- [ ] czy dbasz o swoją relację z partnerem/mężem?

W oparciu o swoje przemyślenia uzupełnij tabelę na kolejnej stronie.

Sprecyzuj cel dla obszaru **DOM i RELACJE Z BLISKIMI**

S sprecyzowany	
M mierzalny	
A atrakcyjny	
R realny	
T terminowy	

Twoje zdrowie

Na końcu zaopiekuj się tematem swojego zdrowia. Nie dlatego na końcu, że temat jest najmniej ważny, ale dlatego, że jeśli poukładałaś w głowie dwa poprzednie obszary, to masz przestrzeń na to, by zadbać wreszcie o siebie.

Podobnie jak przy poprzednich obszarach i tutaj mam dla Ciebie podpowiedzi. Przedstawiam Ci główne zasady zdrowego stylu życia:

1. Prawidłowo zbilansowana dieta:
    - regularne posiłki (co 3 - 4 godziny)
    - warzywa, owoce (co najmniej połowę tego, co jesz)
    - produkty zbożowe (najlepiej pełnoziarniste)
    - produkty mleczne (najlepiej chude)
    - ograniczona ilość mięsa (mięso czerwone 1 raz w tygodniu, mięso białe 2 razy w tygodniu, wędliny ograniczone do minimum)
    - ryby, nasiona strączkowe, jajka kilka razy w tygodniu
    - oleje roślinne (np. oliwa z oliwek, olej lniany)
    - ograniczone użycie cukru i soli
    - picie minimum 1,5 litra płynów dziennie
2. Aktywność fizyczna
    - 2,5 - 5 godzin tygodniowo wysiłku aerobowego o umiarkowanej intensywności lub 1,5 - 2,5 godziny o dużej intensywności
    - ćwiczenia wzmacniające mięśnie minimum 2 razy w tygodniu
3. Rezygnacja z używek (alkohol, papierosy)
4. Higiena snu (minimum 7 godzin na dobę, zasypiając przed północą)
5. Czytanie etykiet produktów spożywczych (wybór najmniej przetworzonych)
6. Dbanie o stan zdrowia psychicznego (redukcja stresu)

Zastanów się, w których obszarach chciałabyś coś zmienić i rozpisz cel na następnej stronie.
Pamiętaj, że nie musisz zmieniać wszystkiego na raz. Cel ma być realny.

Sprecyzuj cel dla obszaru ZDROWIE

S sprecyzowany	
M mierzalny	
A atrakcyjny	
R realny	
T terminowy	

4.2 ROZMIEŃ NA DROBNE

Duże zadania blokują

Zbudować dom z ogrodem. Tak po prostu mógłby brzmieć plan. Nie wiem jak Ty, ale ja widząc taki plan, złapałabym się przerażona za głowę - to ogromne przedsięwzięcie i tak naprawdę nie wynika z niego w żaden sposób, jak właściwie należałoby się zabrać za jego realizację.

Efekt tak skonstruowanego planu najczęściej jest taki, że ze względu na ilość obaw i niewiadomych, możesz się go w ogóle nie podjąć. Będziesz zwlekać, mierzyć się z natłokiem myśli typu „powinnam coś z tym zrobić" i dalej stać w miejscu.

Odzyskanie równowagi życia i pracy to również nie lada wyzwanie. Jeśli sprecyzowałaś swoje konkretne cele za pomocą metody SMART, możesz przejść do następnego działania. Warto tutaj duży plan rozłożyć na czynniki pierwsze - rozpisać go na małe kroki, dzięki którym będziesz wiedziała od czego zacząć i co robić w następnej kolejności.

Wszystko, co doskonałe, dojrzewa powoli.

Arthur Schopenhauer

Nie przerażaj się ogromnym przedsięwzięciem - myśl o kolejnych małych krokach, które realizowane systematycznie, doprowadzą Cię do dużego, założonego celu.

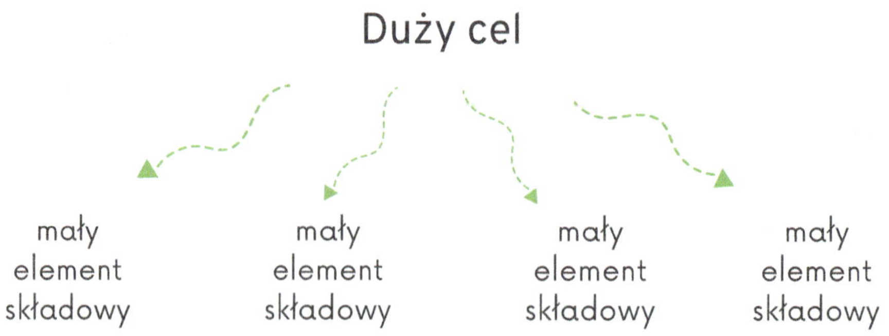

Mapa celu, czyli plan działania

Aby rozbić duży cel na mniejsze kroki, warto zrobić burzę mózgów. Możesz wykonać ją samodzielnie (w pierwszej kolejności właśnie do tego Cię zachęcam) lub poprosić o pomoc osobę Ci bliską (może ona wnieść świeże spojrzenie na temat, w którym czujesz, że utknęłaś).

Nie chcę zakłócać Twojego toku myślenia nad celami dotyczącymi pracy, zdrowia i relacji z rodziną, dlatego pozwól, że po raz kolejny posłużę się alegorią. Gdybyś chciała przed domem stworzyć ogród, mapa celu mogłaby wyglądać następująco:

Założyć ogród

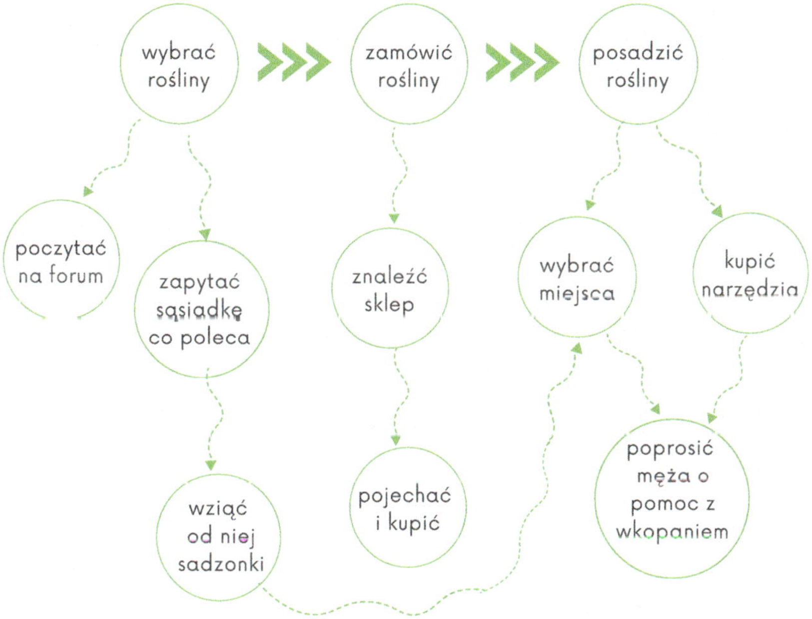

Dokładnie w ten sam sposób warto rozłożyć na czynniki pierwsze swoje cele. Dzięki temu będziesz mogła realizować duży plan krok po kroku. Jak nić Ariadny mapa zaprowadzi Cię do miejsca, w którym chcesz być. Wiedząc, jaki będzie następny krok, działasz spokojniej, bez stresu - nie czujesz, że idziesz w zupełnie nieznane.

Wypisz wszystkie działania, które muszą się odbyć, abyś mogła dotrzeć do zaplanowanego celu. Łącz kółka strzałkami, zaznaczaj zależności i kolejność zadań.
Najłatwiej zrobić mapę rysując - pamiętaj, że na końcu masz karty do wydruku.

Twoja mapa celu PRACA

Twoja mapa celu DOM i RELACJE Z BLISKIMI

Twoja mapa celu ZDROWIE

4.3 WYCHWYĆ SŁABE OGNIWA

Konstruktywny krytyk

Kojarzysz sytuację, w której masz wielkie marzenia, świetny plan i aż się palisz do działania, a tu nagle znajduje się ktoś, kto wytknie Ci słabe elementy planu i roztoczy czarne scenariusze? Skrzydła opadają, prawda? Istotna jest oczywiście forma, w jakiej zostanie to zrobione, ale gdy opadną emocje, warto przemyśleć słowa krytyki.

Niestety to zupełnie normalne, że kiedy czegoś bardzo pragniemy, widzimy tylko jasną stronę zagadnienia. Później następuje zderzenie z rzeczywistością i plan potrafi wziąć w łeb, jeśli zawczasu nie wychwycimy słabych ogniw.

Dlatego zachęcam Cię do wcielenia się w rolę swojego własnego krytyka przygotowanych planów - konstruktywnego krytyka, któremu zależy na powodzeniu całego przedsięwzięcia, a nie na podcięciu Ci skrzydeł. Dzięki temu masz możliwość dopracowania planu lub przygotowania awaryjnych scenariuszy.

Co innego jest złośliwie krytykować i zaczepiać,
a co innego poprawiać i błędy prostować.

Mikołaj Kopernik

Oczywiście nie wszystko jesteśmy w stanie przewidzieć, ale im więcej takich wąskich gardeł uchwycimy zanim zaczniemy działać, tym łatwiej sobie później z nimi poradzimy i nie porzucimy działania.

zagrożony element planu >>> istnienie planu B >>> sprawna reakcja w przypadku zagrożenia

Przygotuj plany B

Przyjrzyj się jeszcze raz przygotowanym przez Ciebie planom. Zastanów się, czy widzisz jakieś zagrożenia? Coś może pójść nie tak? Jakie czynniki zewnętrzne mogą zaburzyć działanie na którymś z etapów?

Gdy już znajdziesz takie elementy (a zawsze one są!), pomyśl, co możesz zrobić w sytuacji, która nie potoczy się po Twojej myśli - jak sobie z tym poradzisz i jaki plan B możesz natychmiast wdrożyć.

Zapisz poniżej pomysły na plany B w konkretnych sytuacjach.

Gdy wydarzy się:		Zrobię to:
______________	>>>	______________
______________	>>>	______________
______________	>>>	______________
______________	>>>	______________
______________	>>>	______________
______________	>>>	______________
______________	>>>	______________

4.4 ZACZNIJ DZIAŁAĆ

Do biegu... gotowa... start!

Aż się prosi, żeby w tym miejscu wykrzyczeć na głos takie hasło. To jest moment, w którym jesteś gotowa zacząć działać. Masz wizję, narzędzia, jasno określone cele, plany działania i plany awaryjne. Ruszaj, idź po swoje!

Ale proszę Cię - nie biegnij. Droga do Twojego zrównoważonego życia to nie będzie krótki sprint. Idź pomału, świadomie, ostrożnie stawiaj kroki - obserwuj swoje emocje i sprawdzaj, czy zmiany Ci służą. Na pewno coś stracisz, ale na pewno wiele zyskasz. Za każdym razem, gdy staniesz na rozdrożu, wróć do ćwiczenia z hierarchią wartości - to Twój drogowskaz. Jeśli wybierzesz drogę zgodną z tą hierarchią, na pewno wybierzesz dobrze.

Jeśli jesteś w tym miejscu, a nie wykonałaś ćwiczeń pisemnie, masz szansę to zrobić na końcu książki. Nawet jeśli wydaje Ci się, że wiesz dokąd chcesz dojść i masz plan w głowie, to wiedz, że nie ma on tak dużej mocy, jak jasno spisane cele i plany. Niespisywanie celów to podświadoma ochrona przed porażką - jeśli masz cel „mniej więcej", to „mniej więcej" go osiągniesz - trudno Ci będzie nawet ocenić, czy do końca o taki efekt Ci chodziło.

Pierwszy krok

Jeśli spisałaś plany, spójrz na nie. Od czego zaczniesz? Jaki będzie Twój pierwszy krok? Kiedy chcesz to zrobić?

Podróż o długości tysiąca mil zaczyna się od pierwszego kroku.

Laozi

5.

Trzymaj rękę na pulsie

5.1 DLACZEGO TO NIE KONIEC?

I żyli długo i szczęśliwie?

Masz już swój wymarzony ogród. Łatwo nie było, kosztowało Cię to dużo pracy, ale efekt jest dokładnie taki, jak chciałaś. Ogród wygląda pięknie, miło w nim spędzasz czas, czujesz się w nim dobrze. Czy to koniec pracy? Czy ten ogród będzie zawsze już tak wyglądał? Czy wystarczyło raz włożyć w niego czas i pracę i teraz pozostanie taki na wieki?

Ano właśnie. Wiesz, że nie.

Jak już stworzyłaś ogród, to musisz mieć kalendarz prac ogrodowych - kiedy podlewać, nawozić, zwalczać szkodniki, dzielić karpy roślin wieloletnich, przycinać drzewka. Bez tego Twój ogród zacznie żyć swoim własnym życiem, a Ty będziesz zdana na łaskę i niełaskę tego, co z niego powstanie.

Dokładnie tak samo jest z Twoją równowagą życia i pracy. Kiedy dojdziesz już tam, gdzie chcesz, i uznasz, że sytuacja, którą sobie wypracowałaś, odpowiada Ci, nie pozwól życiu płynąć bezwiednie. Bądź czujna, dbaj o to co stworzyłaś, nie rezygnuj z nawyków, które pomogły Ci dotrzeć do równowagi.

Jesteśmy tym, co w swoim życiu powtarzamy.
Doskonałość nie jest jednorazowym aktem, lecz nawykiem.

Arystoteles

Punkty kontrolne

Aby nie utracić tego, co osiągnęłaś dzięki ciężkiej pracy i zapewne niejednej trudnej decyzji, warto trzymać rękę na pulsie. Wyznaczenie sobie okresowych punktów kontrolnych i cykliczna weryfikacja satysfakcji z obecnego stanu daje pewność, że utrzymasz kurs i nie wrócisz na stare tory. Zachęcam Cię do zaplanowania częstotliwości, z którą będziesz zatrzymywać się na chwilę i analizować swoją aktualną sytuację.

5.2 BĄDŹ UWAŻNA

Zakorzenione potrafi się odzywać

Aby wypracować nowy nawyk, daną czynność należy powtórzyć wielokrotnie, aż zostanie zautomatyzowana. Z tego powodu podczas budowania nowych nawyków często odzywają się stare, właśnie te dawno zautomatyzowane, schematy. Jeśli nie chcesz, by znowu miały one ostatnie słowo - bądź uważna!

Monitoruj swój poziom satysfakcji

Aby nie wrócić na dawne tory, warto trzymać rękę na pulsie i okresowo pochylać się nad aktualną sytuacją. Dobrze jest świadomie oceniać swój poziom satysfakcji i weryfikować, czy na każdym polu w dalszym ciągu jest OK i czy nic nie wymyka się w kierunku starych schematów.

Poniżej pytania, na które warto odpowiadać sobie raz w miesiącu
(jeśli na pytanie Twoja odpowiedź brzmi TAK - wstaw 1, jeśli NIE - wstaw 0):

- ☐ czy działasz i podejmujesz decyzje zgodnie z Twoją hierachią wartości?
- ☐ czy ilość pracy, którą wykonujesz, jest dla Ciebie komfortowa?
- ☐ czy zakres obowiązków pozwala Ci zachować wewnętrzny spokój?
- ☐ czy masz przestrzeń na dbanie o swoje zdrowie?
- ☐ czy masz czas i siłę na rodzinne aktywności?
- ☐ czy poświęcasz regularnie czas na swoje przyjemności?
- ☐ czy nawet gdyby to był ostatni rok Twojego życia, nie chciałabyś niczego zmienić?

W skali od 0 do 7 moja satysfakcja z obecnego życia wynosi: ________

5.3 DUŚ W ZARODKU

Bądź dobrym ogrodnikiem

Nie czekaj, aż ogród zarośnie tak, że bez ciężkiego sprzętu go nie ujarzmisz. Dbaj o niego systematycznie - na bieżąco wyrywaj chwasty, obcinaj przekwitłe kwiaty, zbieraj gąsienice z liści.
Dzięki temu nie dojdzie do sytuacji, w której będziesz zmuszona wykonywać całą ciężką pracę od nowa.

Utrwalaj i aktualizuj

Jeśli podczas cyklicznego monitoringu zauważysz obszary wymykające się spod kontroli i zaburzające Twoją odzyskaną równowagę - działaj!

Jak się za to zabrać?

Przejrzyj książkę od początku. Przypomnij sobie swoje fundamenty. Wróć do wykonanych ćwiczeń. Zweryfikuj odpowiedzi na pytania, sprawdź, czy wszystkie są aktualne - może wraz ze zmianą sytuacji jakieś się zdezaktualizowały? Może chciałabyś coś dodać? Zmienić?

Wykonałaś ogromną pracę przerabiając tą książkę - nie musisz traktować jej jako jednorazowej przygody. Niech ćwiczenia, które uzupełniłaś, staną się Twoim atlasem - abyś mogła pod nie ustawiać swój życiowy kompas (warto uzupełnić ćwiczenia odręcznie - wypełnione karty możesz mieć zawsze pod ręką i zaglądać do nich w dowolnym momencie).

5.4 ŻYJ ZDROWO I SZCZĘŚLIWIE

Teraz mogę to wreszcie napisać - żyj zdrowo i szczęśliwie!
Idź spokojnie, zważaj na swoje emocje i sygnały z ciała, podążaj za drogowskazami, jakimi są Twoje wartości. Dbaj o siebie, abyś mogła dbać o bliskich.

Wszystkiego zdrowego!

Ula Nec

6.

Dodatek

Karty ćwiczeń okrojone
z dodatkowego tekstu.

Możesz je również pobrać do
druku na mojej stronie skanując
poniższy kod QR:

Ćw. 1. Sprawdź, czy tracisz równowagę - str. 10

Ty bliski

- [ ] [ ] spędzasz na pracy coraz więcej czasu, ponad ilość ustaloną z pracodawcą lub samą sobą (jeśli jesteś swoim własnym szefem)
- [ ] [ ] odpisujesz na maile, odbierasz służbowe telefony w czasie wolnym
- [ ] [ ] masz trudność w odkładaniu zadań na następny dzień
- [ ] [ ] czujesz potrzebę stałego osiągania jak najlepszych efektów
- [ ] [ ] bierzesz na siebie coraz więcej zadań
- [ ] [ ] nie bierzesz zwolnień lekarskich, nie pozwalasz sobie na chorowanie
- [ ] [ ] unikasz delegowania - uważasz, że Ty wykonasz zadania lepiej
- [ ] [ ] trudno Ci odpuszczać, wszystkie zadania mają wysoki priorytet
- [ ] [ ] wieczorem sięgasz po alkohol dla relaksu
- [ ] [ ] nie masz chwili wolnej, a jeśli taka się znajdzie, szybko ją zapełniasz zadaniem wg Ciebie produktywnym
- [ ] [ ] masz obniżone libido
- [ ] [ ] nie masz czasu na aktywność fizyczną
- [ ] [ ] dużo mówisz, ale właściwie głównie o pracy
- [ ] [ ] każda porażka to ogromne wyrzuty sumienia
- [ ] [ ] jesz cokolwiek w biegu
- [ ] [ ] od ponad roku nie robiłaś podstawowych badań lekarskich
- [ ] [ ] jesteś rozkojarzona, myśli ciągle krążą Ci wokół zadań firmowych
- [ ] [ ] jesteś niecierpliwa, musisz zawsze robić coś produktywnego
- [ ] [ ] nie odczuwasz upływu czasu w trakcie pracy, nie robisz przerw
- [ ] [ ] nie masz hobby lub przestałaś je praktykować
- [ ] [ ] złościsz się, gdy bliscy zwracają Ci uwagę, że za dużo pracujesz
- [ ] [ ] ciągle tłumaczysz, że lubisz po prostu swoją pracę lub że to przejściowe
- [ ] [ ] jedynie wykonanie zadania na satysfakcjonującym Cię poziomie podnosi Twoje poczucie własnej wartości

Ćw. 2. Sygnały Twojego ciała - str. 12 - 16

- [ ] zmęczenie
- [ ] nerwowość, obniżona odporność na stres
- [ ] natłok myśli
- [ ] bóle kręgosłupa
- [ ] bóle głowy
- [ ] bóle stawów
- [ ] kłopoty ze snem
- [ ] problem z utrzymaniem prawidłowej masy ciała
- [ ] obniżona odporność
- [ ] ogólne pogorszenie stanu zdrowia:
    - [ ] insulinooporność
    - [ ] cukrzyca
    - [ ] nadciśnienie
    - [ ] choroby tarczycy
    - [ ] choroby autoimmunologiczne
    - [ ] żylaki
    - [ ] depresja

Ćw. 3. Przekonania dotyczące pracy - str. 24, 25

- W jaki sposób mówiło się o pracy w Twoim rodzinnym domu?

- Czy praca była najważniejsza?

- Czy praca była czymś obowiązkowym?

- Czym dla Ciebie jest praca? Zaznacz 3 najważniejsze czynniki.

  - [ ] bezpieczeństwem
  - [ ] źródłem dochodu
  - [ ] powołaniem
  - [ ] możliwością samorealizacji
  - [ ] sensem życia
  - [ ] czymś, co daje poczucie bycia potrzebną
  - [ ] czymś, co daje poczucie przynależności do grupy
  - [ ] możliwością zdobycia uznania społecznego
  - [ ] ucieczką przed samotnością
  - [ ] możliwością rozwoju osobistego
  - [ ] tożsamością (czymś, co Cię określa)
  - [ ] możliwością zdobycia odpowiedniego statusu
  - [ ] ucieczką przed problemami w relacjach
  - [ ] obowiązkiem każdej dorosłej osoby
  - [ ] możliwością bycia niezależną
  - [ ] obowiązkiem rodzica, polegającym na zapewnieniu dziecku odpowiedniej przyszłości

Ćw. 4. Przyczyny i wnioski - str. 29, 30

- Jakie przekonanie lub myśl powodują, że tracisz równowagę życia i pracy?

- Czy ta myśl/przekonanie opiera się na faktach? Czy znasz kogoś, kto myśli inaczej?

- Co powoduje to przekonanie? Czy pozwala Ci ono realizować Twoje wyższe cele?

- Czy czujesz się dzięki niemu tak, jak chciałabyś się czuć?

- Czy pomaga Ci ono chronić Twoje życie i zdrowie?

- Po co w nie wierzysz? Co ono maskuje?

- Jak mogłoby brzmieć to przekonanie, aby wspierało Twoją równowagę?

- Czego potrzebujesz, aby móc w ten sposób myśleć i działać?

- Czy poradzisz sobie sama ze zmianą przekonania/myśli?

Ćw. 5. Wartości jako drogowskazy - str. 33

Spośród wszystkich podanych niżej wartości wybierz 8 najważniejszych dla Ciebie.

Autentyczność	Konsekwencja	Prawda	Stabilność
Akceptacja	Kreatywność	Piękno	Szacunek
Bezpieczeństwo	Komfort	Prawość	Szlachetność
Bogactwo	Kompetencja	Pokora	Tolerancja
Bliskie relacje	Konsekwencja	Prostota	Troskliwość
Ciekawość	Lojalność	Przyjemność	Twórczość
Cierpliwość	Marzenia	Rodzina	Uczciwość
Czułość	Miłość	Radość	Wdzięczność
Czystość	Misja	Rozwój	Wiedza
Delikatność	Mądrość	Rozwaga	Władza
Duma	Nadzieja	Ryzyko	Wykształcenie
Dyskrecja	Niezależność	Rozrywka	Wygoda
Duchowość	Odpowiedzialność	Równowaga	Wolność
Doskonałość	Odwaga	Rzetelność	Wierność
Dostatek	Otwartość	Samoświadomość	Wyrozumiałość
Elastyczność	Ojczyzna	Sława	Wsparcie
Efektywność	Otoczenie	Spontaniczność	Wrażliwość
Entuzjazm	Pasja	Sprawiedliwość	Wiarygodność
Godność	Przygoda	Szczęście	Wiara
Harmonia	Perfekcjonizm	Stanowczość	Zaufanie
Honor	Pomoc innym	Sukces	Zaradność
Hedonizm	Pogoda ducha	Szczerość	Zdrowie
Intuicja	Przyjaźń	Szczodrość	Zadowolenie
Intymność	Prestiż	Spokój	Zaangażowanie

Ćw. 6. Hierarchia wartości - str. 34

Uporządkuj wybrane wartości. Jako pierwszą zapisz tę wartość, którą zostawiłabyś, jeśli musiałabyś odrzucić wszystkie inne - ta wartość jest najważniejsza dla Ciebie.
Następnie dopisz pozostałe 7 w odpowiedniej kolejności.

Układając kolejność zastanów się, którą wartość mogłabyś poświęcić w imię wyżej zapisanej wartości.

1. ______________________

2. ______________________

3. ______________________

4. ______________________

5. ______________________

6. ______________________

7. ______________________

8. ______________________

Ćw. 7. Koło priorytetów - str. 35

W pierwszej kolejności wypisz wybrane obszary, a następnie oceń swój aktualny poziom satysfakcji w tych strefach w skali od 1 do 10 (1 - znikome zadowolenie, 10 - całkowite spełnienie).

Przykładowe obszary to: praca, rodzina (mąż/partner, dzieci, dalsza rodzina), przyjaciele, finanse, zdrowie (sport, zdrowe odżywianie), relaks, pasja, rozwój (osobisty, duchowy, zawodowy).

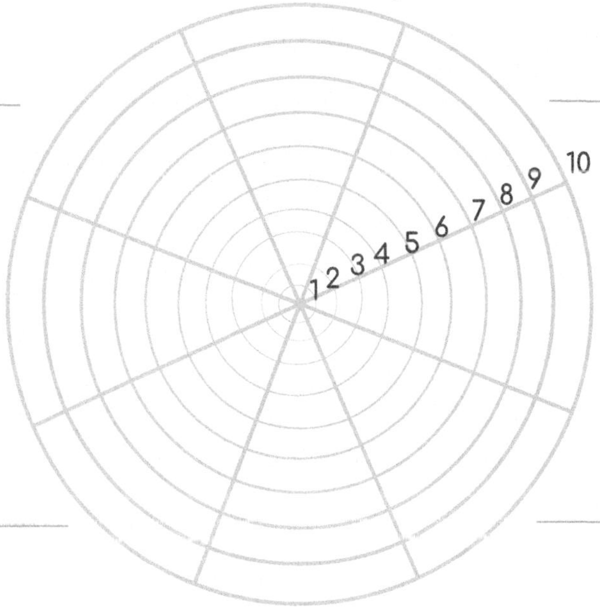

- Który obszar jest dla Ciebie najważniejszy?

- W który obszar chcesz się bardziej zaangażować w pierwszej kolejności?

- W który obszar potrzebujesz zaangażować się mniej, by móc zająć się innymi obszarami?

Ćw. 8. Twoje dlaczego - str. 37, 38

Przeanalizuj każdy z wybranych 8 obszarów wybranych przez Ciebie w poprzednim zadaniu, zaczynając od najważniejszego. Opisz również za każdym razem swoje uczucia.

Obszar	Jak będzie, gdy nic nie zmienisz?	Jak będzie, gdy dokonasz zmian?

Ćw. 9. Fundamenty i wnioski - str. 39

- Które swoje wartości poświęcałaś, aby żyć tak, jak dotąd?

- Na które wartości chcesz stawiać od dzisiaj, aby czuć, że jesteś w równowadze?

- Co zyskasz dzięki odzyskaniu równowagi?

- Co zyskają Twoi bliscy?

- Czego chcesz robić więcej w swoim życiu? Konkretnie.

- Czego chcesz robić mniej? Konkretnie.

- O czym chcesz pamiętać każdego dnia?

- Jak będziesz się czuła, gdy osiągniesz równowagę życia i pracy?

Ćw. 10. Wizja końca - str. 42

Zbuduj wizję rzeczywistości, do której chcesz dążyć. Użyj swojej wyobraźni, wsłuchaj się w siebie. Nie myśl o ograniczeniach, to nie jest ten moment.

- Do czego dążysz? Jak chciałabyś, żeby wyglądało Twoje życie w równowadze? Co to dla Ciebie znaczy?

- Jak chciałabyś, żeby wyglądał Twój dzień roboczy?

- Jak chciałabyś, żeby wyglądał Twój dzień wolny?

Ćw. 10. Twoja praca - str. 43

- W jaki sposób chcesz pracować? Co jest dla Ciebie ważne w pracy?

- Z jakiego powodu taki styl pracy jest dla Ciebie ważny?

- Czy w obecnej pracy jesteś w stanie odzyskać równowagę?

- Jak wyobrażasz sobie siebie w obecnej pracy w równowadze?

- Czy decydujesz się zostać w obecnym miejscu pracy?

- Jak poczujesz się w pracy, wiedząc, że działasz zgodnie ze swoimi wartościami i osiągnęłaś stan równowagi?

Ćw. 11. Twoje relacje - str. 44

- Kto jest dla Ciebie ważny? Na jakich relacjach Ci zależy?

- Czego potrzebują Twoi bliscy? Określ potrzeby każdego z nich.

- Co chcesz im zaoferować? Przedstaw ofertę dla każdego z bliskich.

- Z jakiego powodu czujesz, że to dla Ciebie ważne?

- Jak będziesz się czuła w relacjach z bliskimi, gdy odzyskasz równowagę życia i pracy?

Ćw. 12. Twoje zdrowie - str. 45 - 47

- Jak chcesz się czuć, gdy osiągniesz równowagę?
  Opisz doznania fizyczne i psychiczne.

- W jaki sposób chcesz się odżywiać? Jak konkretnie? (Co, ile, kiedy, gdzie).

- Z jakiego powodu chcesz się tak odżywiać?

- Jak będziesz się czuła i wyglądała, gdy będziesz się właśnie tak odżywiać?

- Co będą mówić osoby bliskie o Tobie, gdy to się wydarzy?

- Czy również na tym skorzystają?

- Jak chcesz, żeby wyglądała Twoja aktywność fizyczna? Jak konkretnie?(Co, ile, kiedy, gdzie).

- Z jakiego powodu chcesz, żeby Twoja aktywność fizyczna tak wyglądała?

- Jak będziesz się czuła i wyglądała, gdy zadbasz o taką dawkę ruchu?

- Co będą mówić osoby bliskie o Tobie, gdy to się wydarzy?

- Czy również na tym skorzystają?

- Jakie badania będziesz wykonywać regularnie? Jakich specjalistów odwiedzać?

- Jak chcesz, żeby wyglądał Twój odpoczynek?
- Jak chcesz się czuć odpoczywając?
- Z jakiego powodu jest to dla Ciebie ważne?
- Jak chcesz, żeby wyglądał Twój sen, gdy będziesz w równowadze?
- Z jakiego powodu chcesz, żeby tak wyglądał?
- W jaki jeszcze inny sposób chcesz dbać o zdrowie fizyczne i psychiczne, gdy już będziesz w równowadze życia i pracy?

Ćw. 13. Zbierz zasoby - str. 49 - 51

- Jakie masz mocne strony? Za co bywasz chwalona? Które z tych cech charakteru pomogą Ci utrzymać równowagę życia i pracy? Napisz przy każdej z cech, w jaki sposób może Ci pomóc.

- Jakie umiejętności posiadasz, które pomogą Ci odzyskać równowagę?

- Czy byłaś kiedyś w sytuacji, w której udawało Ci się utrzymać równowagę?

- Jeśli tak, to co było wówczas inne? Jak inaczej działałaś?

- Co z tamtego okresu mogłabyś wykorzystać w działaniu od dzisiaj?

- Na czyje wsparcie możesz liczyć, aby móc odzyskać równowagę życia i pracy. Napisz przy każdej osobie, w jaki sposób może Ci pomóc.

- Jak wygląda Twoja sytuacja finansowa? Czy możesz sobie pozwolić na ewentualne obniżenie zarobków, zmianę wymiaru godzin pracy, zmianę pracy? Czy bierzesz takie opcje pod uwagę?

- Co najgorszego mogłoby się wydarzyć, gdybyś przez zmniejszenie zaangażowania w pracę, utraciła obecne stanowisko?

- Co byś wówczas zrobiła? Jakie znalazłabyś rozwiązanie w tej sytuacji?

- Co dobrego mogłoby z tego wyniknąć?

Ćw. 14. Postanowienia - str. 52

- Co postanawiasz?

- Z jakiego powodu to postanawiasz?

- Co Ci pomoże wdrożyć zmiany?

- Inne Twoje wnioski i pomysły:

Ćw. 15. Cel dla obszaru PRACA - str. 57

S sprecyzowany	
M mierzalny	
A atrakcyjny	
R realny	
T terminowy	

Ćw. 16. Cel dla obszaru DOM i RELACJE - str. 59

S sprecyzowany	
M mierzalny	
A atrakcyjny	
R realny	
T terminowy	

Ćw. 17. Cel dla obszaru ZDROWIE - str. 61

S sprecyzowany	
M mierzalny	
A atrakcyjny	
R realny	
T terminowy	

Ćw. 18. Mapa celu PRACA - str. 64

Wypisz wszystkie działania, które muszą się odbyć, abyś mogła dotrzeć do zaplanowanego celu. Łącz kółka strzałkami, zaznaczaj zależności i kolejność zadań.

Ćw. 19. Mapa celu RELACJE - str. 65

Wypisz wszystkie działania, które muszą się odbyć, abyś mogła dotrzeć do zaplanowanego celu. Łącz kółka strzałkami, zaznaczaj zależności i kolejność zadań.

Ćw. 20. Mapa celu ZDROWIE - str. 66

Wypisz wszystkie działania, które muszą się odbyć, abyś mogła dotrzeć do zaplanowanego celu. Łącz kółka strzałkami, zaznaczaj zależności i kolejność zadań.

Ćw. 21. Plany B - str. 68

Przyjrzyj się jeszcze raz przygotowanym przez Ciebie planom. Zastanów się, czy widzisz jakieś zagrożenia? Coś może pójść nie tak? Jakie czynniki zewnętrzne mogą zaburzyć działanie na którymś z etapów?

Gdy już znajdziesz takie elementy (a zawsze one są!), pomyśl, co możesz zrobić w sytuacji, która nie potoczy się po Twojej myśli - jak sobie z tym poradzisz i jaki plan B możesz natychmiast wdrożyć.

Zapisz poniżej pomysły na plany B w konkretnych sytuacjach.

Gdy wydarzy się:		Zrobię to:
______________	>>>	______________
______________	>>>	______________
______________	>>>	______________
______________	>>>	______________
______________	>>>	______________
______________	>>>	______________
______________	>>>	______________
______________	>>>	______________

Ćw. 22. Pierwszy krok - str. 69

- Od czego zaczniesz? Jaki będzie Twój pierwszy krok? Kiedy chcesz to zrobić?

Ćw. 23. Monitoring stanu satysfakcji - str. 72

Pytania, na które warto odpowiadać sobie raz w miesiącu
(jeśli na pytanie Twoja odpowiedź brzmi TAK - wstaw 1, jeśli NIE - wstaw 0):

☐ czy działasz i podejmujesz decyzje zgodnie z Twoją hierachią wartości?

☐ czy ilość pracy, którą wykonujesz, jest dla Ciebie komfortowa?

☐ czy zakres obowiązków pozwala Ci zachować wewnętrzny spokój?

☐ czy masz przestrzeń na dbanie o swoje zdrowie?

☐ czy masz czas i siłę na rodzinne aktywności?

☐ czy poświęcasz regularnie czas na swoje przyjemności?

☐ czy nawet gdyby to był ostatni rok Twojego życia, nie chciałabyś niczego zmienić?

W skali od 0 do 7, moja satysfakcja z obecnego życia wynosi:

Miejsce na Twoje notatki:

Karty ćwiczeń

pobierzesz na stronie:

ulanec.pl/kartyrownowaga/

Printed in Great Britain
by Amazon

32499199R00064